天下文化
BELIEVE IN READING

關於人生，我確實知道……

歐普拉的生命智慧

歐普拉・溫芙蕾 Oprah Winfrey 著
沈維君 譯

What I Know For Sure

目錄

序曲

我不是第一次說這故事了，但至少在這本書裡，還是值得再說最後一次：記得那是一九九八年，我正在宣傳電影「魅影情真」（*Beloved*），有一次我上了一個現場播出的電視節目，採訪我的人是如今已故的《芝加哥太陽報》傑出影評人吉恩．西斯科（**Gene Siskel**）。當時一切都很順利，直到節目進行到最後總結時，他問道：「告訴我，什麼是妳確實知道的事？」

這不是我第一次上陣接受採訪，多年來我回答過數都數不清的問題，鮮少瞠目結舌，找不到話應對——但，我必須說，這人是成心要我愣在當下，不知所措。

「嗯哼，你是指關於電影嗎？」我結結巴巴地回答，心裡很清楚他想聽的答案其實更龐大、更有深度且更複雜，只是在想出稍有條理的回應前，我不得不拖延一下時間。

「當然不是，妳知道我的意思——我指的是關於妳，妳的人生，任何事，甚至是妳的一切……」他說。

「嗯哼，我確知的事……嗯……我確實知道的事是什麼……吉恩，我需要時間好好思考這個問題。」

就這樣，十六年過去了，我也確實想了很多，這成了我人生的核心問題：一日將盡之時，究竟什麼是我確實知道的事？

在每一期《歐普拉雜誌》（*O Magazine*）裡，我都在探索這個問題——事實上，我每個月的專欄名稱就叫「關於人生，我確實知道……」——而且，相信我，每個答案往往得之不易，直到現在依然如此。我確實知道的事是什麼呢？我確實知道的是，如果我再多接到一通編輯來電或**e-mail**，甚至還傳來代表火燒眉毛的冒煙符號，詢問這個月連載的稿子在哪裡，那我肯定會改名換姓，搬到西非的廷巴克圖去！

但是，就在我準備要舉白旗投降，大喊：「就這樣！我一個字都生不出來！我什麼都不知道！」我往往就會發現自己在蹓狗、泡茶或泡澡時，突然間不知打哪兒來的、如水晶般清明的瞬間，帶我回到深植於腦海中、內心深處與直覺裡的某個想法。原來，一旦超越自我懷疑的陰影，我還真的知道些什麼。

儘管如此，我得承認，一想到要重讀這十四年來的專欄，我還是有點惴惴不安。這感覺會不會像是回顧老照片中的自己，頓時覺得當年流行的髮型與穿著，如今已過時？我的意思是，如果過去你所確知的事，成了**此刻你正在質疑的事**，又該怎麼辦？

我拿起一枝紅筆，一杯白蘇維儂酒，深呼吸，坐下，然後，開始閱讀。在閱讀的過程中，過往時光如潮水般不停浮現我腦海，清楚看見當年撰寫每一篇文章時，自己正處於什麼樣的人生際遇。我馬上回想起自己曾如何絞盡腦汁、搜尋靈魂深處，每日深夜才入眠，隔天一大清早即起，一切的一切只為了搞懂我如今已領悟的事——那些在人生中非常重要的事，像是喜悅、韌性、敬畏、連結、感恩與潛能之類的事。我很高興在此公開過去十四年來我記錄在專欄中的種種發現，而且，我也樂於告訴大家，當你確知某些事時，我是指真的確實知道某些事，就會禁得起時間考驗。

不過，你可別誤會我的意思了。只要活著，而且對世界敞開心胸，你就會有新的體悟。所以，儘管我的核心思想堅定如昔，我還是用那枝紅筆這裡刪減一段、那裡補充一下，主要是針對少數幾個看似老生常談的真理，以及一些千辛萬苦才領悟的洞見，進一步探索並延伸說明。歡迎進入這本揭露我私密思想的書中。

當你閱讀書裡所有的課題，看著我一路掙扎走過、哭過、逃避過，繞了一圈又回到原點，然後與自己和解，開始懂得笑看一切，又經過很久很久以後，最後來到篤定的境界，終於確知了一些事。我衷心希望，你也能開始問自己相同的問題，一如多年前吉恩·西斯科對我的提問。

此刻，我確實知道的是，隨我走過這趟旅程的你，將會擁有無與倫比的發現，因為你發現的，會是自己。

喜悅

坐下來。享受生命帶給你的饗宴。

——德瑞克．沃克特（Derek Walcott）
詩人，一九九二年諾貝爾文學獎得主

趁你還活著的時候，去過沒有遺憾的日子吧！

蒂娜．透納第一次上我的脫口秀時，我很想隨她一起出走，當一個後援會粉絲，在她的演唱會跳上一整晚的舞。唔，有一晚「歐普拉秀」和蒂娜．透納到洛杉磯出外景，這個夢想就成真了。經過一整天只彩排一首歌之後，我等到了圓夢的機會。

那真是前所未有的體驗，我不曾如此心神不寧，膝蓋顫抖，興奮到最高點。在那五分二十七秒裡，我終於有機會體驗在舞臺上搖滾的感覺。我從來不曾那樣跳脫熟悉的自己，掙脫身體的束縛。我還記得自己在腦子裡數著步伐，試著跟上節奏，等待大踢腿的瞬間，整個人忸忸怩怩，侷促不安。

接著，我瞬間領悟，告訴自己：「聽好，女孩，這事即將要結束了；而妳要是沒有全然放開，很可能就會錯過其中的樂趣。」於是，我把所有思緒拋到腦後，忘記這裡要跨一步、那裡走一步、轉身、踢腿……我就只是跳舞。喊—咿！

幾個月之後，我收到瑪雅．安吉羅（Maya Angelou）寄來的包裹，她不僅是我的朋友，更是我的人生導師。她曾說過會寄一份禮物給我，她希望她的每個女兒都能擁有這份禮物。我拆開包裝，裡面是一片李．安．伍麥克（Lee Ann Womack）的單曲CD，這首歌唱出了瑪雅的人生信念。至今我每次聽這片CD，都不禁淚如雨下，副歌有句歌詞是：「當你面臨抉擇，要當壁花旁觀或起身跳舞，我希望你跳下舞池。」

我確實知道的是，每一天都有機會讓你好好呼吸，踢開鞋子，加快腳步，跳起舞來——趁你還活著的時候，去過沒有遺憾的日子吧！盡其所能讓自己的生活充滿喜悅、樂趣與歡笑。你若非勇敢地站上人生舞臺，隨著華爾茲舞曲盡情旋轉跳舞，踏上你的靈性驅使你前進的人生方向；就只能安靜地窩在牆邊，任自己在恐懼與自我懷疑的陰影裡黯然失色。

就在此時此刻，在這個你唯一確實擁有的瞬間，你可以選擇。我希望你不要一心只想著那些無關本質的事物，卻忘了讓自己樂在其中——因為這個瞬間轉眼就會消失。我希望將來你回顧如今的每一天，都會憶起你選擇充實地度過，記得你曾經好好品味每一個小時，彷彿那是生命中最後一小時。在你面臨抉擇時，是要當壁花旁觀，還是起身跳舞，我希望你選擇跳下舞池。

每一天，我都努力為某人做件好事，
不論我是否認識那個人。

我對自己找樂子這檔事，相當看重。我認真工作，盡情玩樂；我相信陰陽和諧的生活準則。讓我快樂不難，因為我總是可以在自己做的事情裡找到滿足。當然，有些事會帶來更大的滿足。而因為我試著實踐自己宣揚的「活在當下」，大部分時間我都有意識地去感受自己接收到多少樂趣。

不知道有多少次在電話中，我和摯友蓋兒．金（Gayle King）笑到頭痛。在大笑中，我有時不禁會想，這難道不是上天賜予的禮物嗎？經過這麼多年夜夜通話，還有這麼一個人願意告訴我實話，而我們可以笑談這一切，心無芥蒂。這樣的時刻，我稱之為「五星級樂趣」。

若能有意識地覺察並創造四星級或五星級體驗，你會感到自己深受祝福。對我來說，光是「身穿衣服，神志清醒」[1]，腳能踏上地板，走到浴室，做我需要做的事，就稱得上是五星級體驗了。我聽過許多人的故事，他們的身體狀況甚至連這些事都做不到。

★一杯濃咖啡加上完美的榛果奶油：四顆星。

★解開狗繩，帶著狗兒們漫步林間：五顆星。

★健身：還是一顆星。

★坐在我的橡樹下，閱讀週日報紙：四顆星。

★一本好書：五顆星。

★在昆西．瓊斯[2]的廚房裡廝混，有時天南地北地聊天，有時什麼都不聊：五顆星。

★能為其他人做些好事：五顆星以上。這一份快樂來自於，你知道接受的人會把這事當成靈性的恩賜。每一天，我都努力為某人做件好事，不論我是否認識那個人。

我確實知道的是，樂趣是能量的交換。你給出什麼，就會收回什麼。你的樂趣等級高低，取決於你如何看待自己這一生。

比起雙眼視力二．〇更重要的是，你內在的遠見願景，亦即你美好的靈性微聲在日常生活中給你的引導與恩典——而那也就是快樂了。

1 出自《聖經》〈馬可福音〉第五章十五節。
2 Quincy Jones（1933-），美國傳奇的音樂教父，製作了史上最暢銷的音樂專輯：麥可．傑克遜的「顫慄」（*Thriller*）。

午後四點的印度奶茶

生活中充滿令人愉悅的珍寶，只要我們願意花時間細細品味。這些品味珍寶的時間，我都稱為「啊哈時刻」，而且我也學會如何創造這樣的時刻。

舉個例子來說，我下午四點總要來杯印度香料奶茶（帶點辛香味，熱騰騰，上層浮著杏仁奶泡——這麼一杯就能讓我在接下來的午後消除疲勞，精神為之一振）。像這樣的時刻，力量相當強大，這點是我確實知道的。這樣的時刻可以讓你重新充電，給你喘息的空間，提供你機會與自己重新連結。

我生命中最大的驚喜

我一直愛極了「美味」這個詞，光是說出這個詞，感受它滑過我的舌頭，就足以讓我興高采烈、開心不已。然而，比美味佳餚更加可口的是滋味絕佳的體驗，那感覺就像細緻美好的椰子蛋糕一樣，味道豐富又層次分明。不論是滋味絕佳的體驗或細緻美味的椰子蛋糕，我都享受過了，時間就在幾年前的生日上。那是我稱為「上帝對我眨眼」的時刻之一——一切的發展都出乎意料之外，卻又安排得恰到好處。那時候我剛從印度回來，正和一群女性友人在茂宜島的家裡，想辦個SPA假期，慶祝我即將邁入五十八歲。

在我生日前夕，我們圍坐在桌邊閒聊，就像這年紀的女人會做的事。我們一共八個人，其中的五位，從男人講到鑽石磨皮護膚，天馬行空聊了整整五個小時，直到半夜十二點，實在累壞了。過程中少不了大把的笑聲、幾滴眼淚。這是我們感到安心自在時，才會進行的一種女人對話。

由於兩天之後，我即將採訪知名的靈性導師拉姆．達斯[3]，所以，我就在閒談間哼唱起一首反覆頌唱他名字的歌曲。

我的朋友瑪麗亞突然問道：「妳在哼什麼？」

「喔，只是一句歌詞，我很喜歡這首歌。」

她說：「我知道那首歌。我每晚都會聽。」

「不會吧！這首歌收在桑坦．考爾（Snatam Kaur）的專輯裡，但知道的人很少。」

瑪麗亞說：「對！對！對！就是桑坦．考爾！我每晚睡前都會聽她的專輯。妳怎麼會知道她的音樂？」

「佩姬」——一位當時也在場的朋友，「兩年前給了我一片她的專輯，從那之後我一直在聽，每次靜心前都會放來聽。」

我們立刻異口同聲地放聲大笑：「不會吧！」

笑到稍微緩一緩氣之後，我說：「其實我一直想找她來我的生日會上演唱。然後我又再想想，覺得不妥，還是算了，太麻煩。要是早知道妳也喜歡她，我一定會努力邀她來的。」

那天稍晚，我躺在床上，心想，這是不是透露出某種訊息？我願意為朋友面對麻煩，卻不肯為自己這麼做。可以確定的是，我需要實踐自己所宣揚的信念，並且更看重自己。進入夢鄉前，我心想，真希望自己之前邀了桑坦．考爾來唱歌。

隔天就是我的生日了，我們和一位夏威夷酋長一起進行「大地祝福」的儀式。那天傍晚，我們聚在前廊，享受日落時分的雞尾酒。我的朋友伊莉莎白站起身，我原以為她要唸一首詩或致詞，沒想到她說：「妳所想要的，如今就在妳眼前。」她敲響小排鐘，瞬間音樂響起。

音樂低沉微弱，彷彿揚聲器故障了一樣。我心裡納悶，這是怎麼一回

3 Ram Dass（1931-），二十世紀西方世界最推崇的靈性導師之一，曾任哈佛大學心理學系教授，是「活在當下」靈性思潮的關鍵人物。

事？然後，就在那裡，出現了，就在我的前廊……繫著純白頭巾的桑坦．考爾啊！還有她的樂隊！我忍不住落淚，喃喃說：「怎麼可能？」接著我除了哭，還是哭。瑪麗亞坐在我身邊，眼中含淚，握著我的手，只是點頭。「妳沒替自己做這件事，所以我們為妳做了。」

原來就在我前一天夜裡上床睡覺之後，我的朋友們四處打電話，設法找出桑坦．考爾人在哪裡，看看有沒有可能在十二個小時以內把她接到茂宜島來。然而，彷彿生命與上帝早就安排好了，她和樂隊正巧在距離這裡三十分鐘路程外的小鎮準備演唱會，而且她很「榮幸」前來演唱。

那是我生命中最大的驚喜之一。其中蘊含好幾層意義，至今我尚不能完全領會。然而，我確實知道，那個瞬間我這一輩子都會回味不已——所有確切發生過的事，發生的方式，以及它就發生在我的生日。

這一切的一切……都如此……「美味」！

你是自己生命中唯一且最大的影響力

你最近一次和朋友一起大笑，笑到兩頰痠痛，或把孩子交給保母，出去玩一整個週末，是什麼時候？更重要的是，如果你的生命明天走到盡頭，你會不會後悔沒做什麼？如果這是你人生中最後一天，你會像今天一樣度過這一天嗎？

有一次，路旁一個廣告牌引起我的注意，上面寫著：「就算死去時擁有最多玩具，依然是個死人。」任何一個曾瀕臨死亡的人都會告訴你，在生命的盡頭，你大概不會追憶過去在辦公室通宵工作的時光，或你的共同基金價值多少。屆時，在你腦海中揮之不去的念頭會是「要是……的話」，例如：要是我做了一直想做的事，我會變成什麼樣的人？

面對自己必然會死的事實，不逃避也不退縮，會幫助我們認清「既然將來逃不過一死，此刻何不好好地活」。不論是苦苦掙扎或積極活躍，決定權都在你手中——你是自己生命中唯一且最大的影響力。

當你選擇站起來、加快腳步、活出完整的自己，做出這個決定的瞬間，你的人生之旅就開始了。

一天過後，總是會再有一天。我不必急著任意揮霍。

有沒有什麼東西能超越我對美食的愛？不多。我有一次很棒的美食體驗是發生在羅馬之旅途中。當時我和四個朋友瑞吉、安德烈、蓋兒和蓋兒的女兒珂比，一起去一間可愛的小餐廳。整間餐廳只有我們這一桌不是義大利人，但我們完全融入，毫無違和感。

在東道主安吉羅的催促下，服務生端出許多美味前菜，數量多到我一度心跳加速，就像引擎瞬間啟動一樣。眼前有櫛瓜鑲火腿、新鮮熟透的番茄上有一層融化的莫札瑞拉起司，這盤菜熱到起司還微微冒泡。配著醒了半小時的托斯卡尼一九八五年份薩西凱亞（Sassicaia）紅酒，那味道柔和順口得彷彿液體天鵝絨。喔！我的天哪！這是多麼珍貴的時光。

我有沒有提到我後來還吃了一碗豆麵湯（簡直是完美）和一些提拉米蘇？那回我真是大快朵頤了一番。那一餐的代價是，隔天我繞著古羅馬競技場慢跑了九十分鐘——但我還是覺得每一口都吃得很值得。

我堅信不疑的事情有很多，好好吃飯是其中之一。我確實知道的是，不論長期或短期來看，開開心心吃一頓，帶給你的好處遠遠多過放一堆低熱量、只有飽足感的食物在廚房，卻讓你猶豫徘徊在食物櫃與冰櫃之間，難以抉擇。這種狀態我稱之為「放牧心態」——你很想要某個東西，卻始終搞不清楚那是什麼。其實，如果你真心渴望的是巧克力，那麼就算把全世界的紅蘿蔔、芹菜和去皮雞肉都堆在你面前，也沒法滿足你。

因此，我已經學會吃一片巧克力（最多兩片），就停下來好好品味。正如郝思嘉的名言「明天又是新的一天」，我完全同意她的說法，一天過後，總是會再有一天。我不必急著任意揮霍，一次吃完一整條巧克力。這觀念真是超棒！

吃得到現採新鮮食物，是何等恩典。

自從我在科羅拉多州特柳賴德鎮的健身房第一次遇到鮑伯・格林（Bob Greene），距今已經二十幾年了。當時我的體重高達一〇七・五公斤，是有史以來最胖的時候。我不僅對自己的體重飆升束手無策，連對減肥計畫也漸漸不抱希望——我因著自己的身體與飲食習慣羞愧到根本不敢直視鮑伯。當時的我不顧一切渴求任何可能奏效的解決之道。

當時，鮑伯帶著我鍛鍊身體、建立運動習慣，鼓勵我吃有機全食物（在隔了很久很久之後，市面上才出現提供這類食物的商店）。

一開始我很抗拒。但是，不管我的飲食計畫如何改變，他始終如一地給出明智的建議：吃你生命所需的食物。

直到幾年前，我才終於找到讓我驚嘆「啊哈」的事，並因此自己種起蔬菜來。剛開始，我只是在聖塔芭芭拉的後院種幾排萵苣、一些番茄和我最愛的羅勒，最後演變成在茂宜島經營一座名副其實的農場。我原本只是對園藝感興趣，後來竟狂熱地投入其中。

我一見到我們種的蔬菜就欣喜若狂——紫色菊苣、幾乎到我膝蓋這麼高的羽衣甘藍，還有大到我暱稱為「狒狒屁股」的白蘿蔔——對我來說，這一切就代表圓滿。

在我出生的密西西比鄉下，「菜園」只是為了生存所需。後來我住到納許維爾，那時我父親總是會在房子周遭清出一小塊地，種些羽衣甘藍、番茄、豌豆和利馬豆。

如今那些都成了我最愛的食物，再配點玉米麵包，就可以讓我雀躍不已。但是，當年我還不懂新鮮現採食物的價值。我老是抱怨：「為什麼我們不能像其他人一樣，去店裡買食物？」我希望我的蔬菜是來自廣告裡的「歡樂之谷——呵呵呵——綠巨人」！我總覺得吃菜園裡的食物很窮酸。

然而現在，我確實知道的是，吃得到現採新鮮食物，是何等恩典——這可不是現代家庭習以為常的事。

主啊，感謝祢，賜予我們收成。

在生命中，我也一直努力播種，為的是繼續擴展我的夢想。我的夢想是讓每一個人都能享用從產地直接送到餐桌上的新鮮食物——因為改善生活要建立在改善食物之上。是的，鮑伯，我將這個故事寫出來了——我自始至終都把你說的話放在心上。

因為，妳是這樣一個值得擁有幸福的人！

我與蓋兒．金相識於一九七六年，當時我在巴爾的摩的電視臺擔任新聞主播，她是製作助理——我們都來自少有互動且絕對不友善的圈子。但是，打從我們相識的那一天開始，蓋兒就坦率分享她對我位居主播的高位有多引以為傲，還有她多興奮能加入有我在的團隊。一直到今天，她依然如此。

我們倆並未立刻成為好友，當時我們只不過是互相尊重對方的人生選擇，並給予支持。然後，有一天晚上，一場劇烈的暴風雪來襲，蓋兒回不了家，於是我邀她來我家過夜。誰知道她最擔心的竟然是內衣褲。她甚至想冒著風雪，大老遠開車到六十四公里外的馬里蘭州查維蔡司，只為了去她媽媽家拿乾淨的內褲。我鄭重告訴她：「我有很多乾淨的內衣褲，妳可以穿我的，再不然我們也可以去買一套。」

等到我費盡唇舌終於說服她跟我回家，我們倆已經在外頭待了一整晚。從這天之後，除了少數幾次出國渡假之外，蓋兒和我每天都會聊天。

我們常常一起大笑，多半都是取笑自己。她陪我度過降職、差點遭解雇、性騷擾，還有我二十幾歲談的那幾場扭曲糾結的戀愛。當時我把自己看得很低，搞不清楚自己和一塊腳踏墊有什麼差別。蓋兒夜夜傾聽我訴說又發生了什麼慘事，對方怎麼放我鴿子、說謊、如何錯待我。她總是一再詢問細節（我們把這些過程編成「書、章、節」，先說書名，接著細述章節內容），然後她當成是自己的遭遇般悉心傾聽。她從未批判過我。但是，倘若我任由男人利用我，她就會說：「他只是在磨練妳的靈魂。我希望有一天他磨得夠深，好讓妳終於能看見真實的自己——因為，妳是這樣一個值得擁有幸福的人！」

每當有好事發生在我身上，在我得意的時刻，蓋兒總是大聲為我叫好，她一直是對我最有信心的啦啦隊。但是，就另一方面來說，不論我賺了多少錢，她依然擔心我花得太多。她老唸我：「別忘了M. C.哈默（M.C. Hammer）的前車之鑑。」講得活像是我已經敗家到即將步上那個破產饒舌歌手的後塵。不過，我們來往這麼多年，我從不曾覺得她對我有一絲一毫的嫉妒。她愛她的生活，愛她的家人，也愛在打折時血拼（她瘋到可以大老遠跑到城鎮另一頭去搶購廉價出清的清潔用品）。

只有一次她承認很想跟我交換身分，就是我和蒂娜·透納同臺演唱的那一晚。那是因為在教堂唱歌總是五音不全的她，老幻想自己能成為歌手。

在我認識的人當中，蓋兒是最和善的一個，她總是真心對每個人的際遇感興趣。她是那種會在紐約問計程車司機有沒有小孩的人，而且還會問：「你的小孩叫什麼名字？」

每當我低落沮喪，她分擔我的痛苦；當我振作起來，她也一定會在某個角落，大聲為我加油，而且絕對比任何人都笑得更開懷。有時候我覺得蓋兒就是我的一部分——較美好的那一部分，而且會說出：「不管發生什麼事，我都會在這裡陪妳。」

我確實知道的是，蓋兒是我可以倚靠的朋友。她讓我學會如何擁有一個真正的朋友，以及如何成為一個真正的朋友，並深深享受其中的樂趣。

每一天都是嶄新的開始，
可以擴展各種可能性，體驗各種層次的喜悅。

一口氣同時領養三隻小狗，這個決定實在不太明智。但牠們可愛的小臉實在太迷人了，我克制不了衝動，徹底臣服於牠們甜美的呼吸和第三隻小狗蕾拉的小小屌斗。

接下來好幾個禮拜的夜裡，我不時起來陪陪牠們。我幫牠們撿了好幾磅的大便，花了好幾個小時在幼犬訓練上，以便教會牠們規矩。

那真是龐大的工作量，我幾乎不眠不休，疲於奔命，忙著一次管好三隻小狗，免得牠們毀了我所有的東西。吁！對那些照顧真正小寶寶的媽媽們，我真是倍感尊敬。

對小狗狗的愛讓我對很多事都緊張兮兮的，也使我必須打破現有的生活模式。有一天蹓狗的時候，我站在一旁看牠們玩耍——我是指真的玩開來：翻滾、追逐、大笑（對，你沒看錯，狗狗會笑），還像兔子一樣跳來跳去。牠們玩得多開心呀！看著牠們玩成那樣，我不由得嘆息，整個人放鬆下來，笑容滿面。小小的新生命初次造訪一片草地：天呀，這世界簡直是個奇蹟！

其實我們每天都有機會體驗這種奇蹟，卻因為痲木無感而錯過了。當一天工作結束，準備從公司開車回家，打開車門的那一瞬間，你是否曾想過自己是如何走到那裡的？

我確實知道的是，我不想過封閉的人生，我不要對自己所見所感痲木無覺。我希望每一天都是嶄新的開始，可以擴展各種可能性，體驗各種層次的喜悅。

閱讀一本好書是上天特別的恩寵，給我機會去到任何一個我心嚮往的所在。

我愛極了自己在壁爐裡生火。那多有成就感啊！不只要把木頭正確地堆疊起來（成金字塔形），還要不靠點火專用木柴就把火點著。我也不明白為什麼自己樂在其中，但我就是如此——我年輕時還夢想成為女童軍，只可惜當年買不起制服。

在外面下起傾盆大雨時，點上一爐火，就更美好了。當我完成所有工作，檢查過信箱，拔掉電腦插頭，準備開始閱讀，此時挨著暖烘烘的爐火，那種美好的感受，真是無與倫比。

我一整天所做的每件事，都是為了閱讀時間而準備。給我一本超棒的小說或回憶錄，來點茶，窩進一個舒服的角落——這簡直是天堂了。我愛極了活在另一個人的思緒裡。每當我感受到自己與那些栩栩如生躍然紙上的人物產生連結，不論他們的際遇與我如何截然不同，那份感動往往令我驚嘆不已。我不只覺得彷彿與這些人相熟，也對自己有了更深的認識。洞見、資訊、知識、啟發、力量，這所有的一切，甚至遠超過這些，都來自讀到一本好書。

我無法想像如果少了閱讀，我會在哪裡，或是成為什麼樣的人。但我可以確定的是，十六歲的我肯定拿不到第一份廣播工作。當時我去納許維爾參觀WVOL電臺，DJ問我：「妳想不想聽聽自己的聲音錄下來是什麼感覺？」隨後他給了我一張新聞稿和一支麥克風。他聽完我朗讀之後，興奮地對主管喊：「你應該來聽聽這女孩的聲音！」過不久，電臺就雇用我播報新聞，我的廣播生涯也就此展開。在這之前，我幾乎是對任何願意聆聽的人吟詩，而且手上抓到什麼就讀。經過那些年的努力，如今終於有人願意付錢讓我做我愛做的事——大聲朗讀。

書，曾經是我逃避現實的出口。但對此刻的我來說，閱讀一本好書是上天特別的恩寵，給我機會去到任何一個我心嚮往的所在。這絕對是我最愛的消磨時間方式。我確實知道的是，閱讀可以讓你敞開心胸，擴展眼界，讓你趨近任何一個你心智所能想像的地方。而我最愛閱讀的一點是，透過閱讀，我能觸及更高的境界，並且持續往上提升。

單單感受當下真實的力量

我最基本的首要之務，就是與內在心靈保持連結。世上一切自有安排[4]——這是我確實知道的。而我的頭號靈性練習，就是試著活在當下，忍著別去想未來的自己，或為了過去犯下的錯而悔恨，就只是單單感受當下真實的力量。我親愛的朋友們，這也就是讓生活充滿喜悅的祕訣！

如果每個人能時刻提醒自己活在當下，就像嬰孩初初來到世上那樣，擁有使心靈堅強的「純真」，我們就能改變世界，在其中盡情玩耍、歡笑、創造源源不絕的喜悅。

我最喜歡的《聖經》經文出自〈詩篇〉三十七章第四節：「你要以耶和華為樂，祂就將你心裡所求的賜給你。」我從八歲起，就深深愛上這句話，此後這段話也成為陪伴我度過所有經歷的祈禱文：以耶和華為樂——以仁慈、善意、同理心、愛為樂，然後靜觀世事會如何演變。

放膽接受挑戰吧！

---

4 在《享受吧！一個人的旅行》中，這句話簡直是貫穿全書的主旨。

韌性

穀倉燒毀了／我因此得見月光。

——水田正秀（Mizuta Masahide）
十七世紀日本俳句詩人

所有的經歷都是生命用來驅使你放下過去，讓自己回歸完整。

不論我們是誰或從哪裡來，都有自己的旅程。我的旅程開始於一九五三年四月的某一天午後，在密西西比的鄉下，維農・溫弗蕾和維妮塔・李一起孕育了我的生命，不過當時他們並未結婚。他們那天不過是一次激情交合，毫無浪漫可言，卻就此意外懷孕。我媽媽甚至隱瞞她懷孕的事實，直到我出生那一天才曝光，因此沒有人準備好迎接我的到來。沒有歡迎新生兒派對，也沒有我那些準媽媽朋友們摩挲隆起的肚子時，臉上浮現的期待、喜悅與愛。我的誕生代表的是悔恨、見不得人與羞愧。

身兼作家與諮商師的約翰・布雷蕭（John Bradshaw）是首度提出「內在小孩」觀念的先驅，他於一九九一年現身「歐普拉秀」時，帶領我和觀眾進行了一場很有深度的心理練習。他要我們閉上眼睛，回到從小成長的家中，想像房子本身。他說：「來，靠近一點。從窗戶望進房子裡，找出你自己在哪兒。現在，你看到了什麼？更重要的是，你感受到了什麼？」對我來說，這個練習帶給我壓倒性的悲傷，卻又深具力量。幾乎每個成長階段，我感受到的都是寂寞。不是孤獨——因為我身邊總有人——但我心裡十分清楚，唯有仰賴自己，我的心靈才得以倖存。我覺得我必須自謀生路。

我還是個小女孩時，最愛的時刻就是每次去教堂做完禮拜，便會有客人來奶奶家。但是，每當客人離去，我都很害怕單獨面對年邁的爺爺與常常筋疲力竭到不耐煩的奶奶。在我們那一帶，我是唯一的孩子，所以我得學著跟自己相處。我發明了很多獨處方式——我有書、自製的玩偶、一堆家事和農場的動物，我常幫動物取名，和牠們聊天。我確實知道的是，這些獨處時光決定了我日後成為什麼樣的大人。

透過約翰．布雷蕭打開的那扇內在之窗回顧過往人生，我很傷心地發現，當時我身邊的人似乎都不明白我是個心地多麼善良的小女孩。但就在看透這一切之後，我同時也感到充滿力量，更加堅強。

或許就像我一樣，你也曾經歷過一些事，導致你否定自己的價值。然而，我確實知道的是，療癒過去的傷是我們這一生最大的挑戰，同時也是最有價值的挑戰。重要的是，你必須知道自己是從何時被形塑成什麼模樣，如此一來，你才能改變這個模式。而且，這是你的責任，除了你之外，沒有人有責任這麼做。有一則牢不可破的宇宙定律是：每個人都要為自己的人生負責。

如果你抓著某人，要他為你的快樂負責，你只是在浪費時間。你必須無所畏懼，給自己不曾獲得的愛。你要覺知到你的每一天都是成長的契機。因為，你怎麼將你與媽媽之間的不合深埋內心，就會怎麼呈現在你與伴侶的爭吵上。你愈是沒意識到內心隱藏的無價值感，就愈會顯現在你所做的事情上（還有你沒做的事情上）。所有的經歷都是生命用來驅使你放下過去，讓自己回歸完整。請留心。每一個選擇都是給你機會，引你踏上屬於自己的道路。

別停下來，一直往前走，全速前進。

當你感受到立足之地開始動搖，
就把自己帶回此時此刻。

我們碰到的每一個挑戰都具備強大的威力，足以打倒我們。相比起來，受到驚嚇反而沒什麼，更需要擔憂的是我們的恐懼，因為我們往往禁不起恐懼的攻擊。只要一感覺腳下的土地鬆動位移，我們就驚慌失措。我們忘了自己所知道的一切，任由恐懼嚇得我們動彈不得。光是想到可能發生的事，就足以讓我們失去平衡，惴惴不安。

我確實知道的是，唯一能讓你忍受變動的方式，就是調整姿勢，改變心態。戰慄恐懼活生生地存在，如此真實，你沒有一天逃得掉。但是，我相信這些經歷都是上天賜予的禮物，為了迫使我們向左一點，向右一點，調整姿勢，找到新的重心。別抗拒，讓這些經歷幫助你調整步伐，重新找到立足點。

平衡存在於當下。當你感受到立足之地開始動搖，就把自己帶回此時此刻。一旦你這麼做，不論下一分鐘出現什麼變動，你都能應對自如。此時此刻，你還在呼吸；此時此刻，你還活著；此時此刻，你正在尋找路徑，邁向更高的境界。

一旦說出祕密，原本禁錮的心就可以重獲自由。

多年來，我一直保守著一個祕密，幾乎沒有人知道。甚至是熟知我一切的蓋兒，也不知道這個祕密，直到我們深交了好幾年，她才略知一二。史戴曼[1]也一樣，一直蒙在鼓裡。這些年來，在我終於能放心說出口之前，我始終隱瞞著這個祕密：十到十四歲這段時間我遭到性侵，因此性關係混亂，十四歲就未婚懷孕。當時的我非常羞愧，根本不敢說出來，直到家庭醫生從我浮腫的腳踝和隆起的肚子發現真相。一九六八年，我生下一個孩子，幾個星期後，那個孩子死於醫院。

1 Stedman Graham（1951-），歐普拉交往多年的男友。

後來，我回到學校上課，絕口不提這件事。我害怕一旦讓人知道了，我會受到排擠。所以，我把這個祕密帶進我的未來，一直恐懼著有朝一日當人們發現這段往事，就會要我滾出他們的人生。甚至當我終於有勇氣挺身揭露這段性侵的經歷，我依然感到羞愧，對懷孕的祕密三緘其口。

當一個家族成員（現在已過世）將這段往事洩漏給八卦小報，一切都改變了。我身心交瘁，深深受傷。我沒想到自己竟然遭到背叛。那個人怎麼可以這樣對待我？我哭了又哭，淚水止都止不住。如今回想，我都還清楚記得那個週日午後，史戴曼走進拉上窗簾的黑暗房間裡。他一臉哭過的模樣，站在我面前，說：「我很難過，妳不該遭受這種對待。」

新聞爆發後的週一早晨，我把自己從床上拖起來上班，那時我覺得自己被擊垮了，心裡充滿恐懼。我想像街上每個人都會指著我，大喊：「十四歲就懷孕，妳這壞女人……滾出去！」結果，完全沒人說閒話——不只是陌生人，連我認識的人也沒說什麼。我很驚訝，每個人一如往常地對待我，幾乎沒什麼改變。幾十年來我一直預期的反應，一個都沒出現。

從那之後，我也曾遭到其他人背叛——但，即使重擊要害，我也不會再哭倒在床上了。我努力謹記《聖經》〈以賽亞書〉五十四章十七節的每一個字：「為攻擊你而製成的武器，都沒有效用。」

每一個艱困的時刻都透著一線銀白光芒，而我很快就領悟到，一旦說出祕密，原本禁錮的心就可以重獲自由。而且直到那一刻，我才能開始修復兒時靈魂受的傷。我所學到且確實知道的是，羞愧之心，是世上最沉重的負荷。當你沒什麼好羞愧的，當你知道自己是誰、堅持的是什麼，你就立足於智慧裡了。

當恐懼消失，
你所尋求的答案就會出現。

每當面臨困難抉擇，我就會問自己：要是我不怕犯錯，也不怕遭到拒絕、出糗或孤軍奮戰，我會怎麼做？

我確實知道的是，當恐懼消失，你所尋求的答案就會出現。而當你跨進自己的恐懼裡，你應該確實知道的是，只要你願意保持開放，那些讓你最費力抗拒、劇烈掙扎的事，往往會帶給你最大的力量。

每一個人都是形塑自己人生的藝術家

你有過這種經驗嗎？偶然發現一張老照片，整個人立刻重回照片裡的時空——那體驗如此真實，甚至可以感覺到當時身上衣服的觸感。

有張二十一歲時拍的照片，就給我這種感覺。當時我身上穿的裙子要價四十美金，我從不曾花那麼多錢買一件單品，但我很樂意這麼做，因為那天是我第一次負責採訪重要的名人：民權運動領袖傑西．傑克遜[2]。

那時他正在當地的高中演講，主題是：「吸毒讓你墮落，希望讓你振作。」這樣一位大人物，我竟然被指派去採訪他。其實，原本新聞部主任不認為他有什麼好採訪的，但我堅持要去（好吧！其實我是求他），而且再三

2　Jesse Jackson（1941-），牧師，熱中參與黑人民權運動，曾兩度成為民主黨總統候選人。

保證我絕對會帶回值得排上六點新聞的報導。結果，我真的做到了。

我熱愛傳述人們的故事，從他們的經歷中擷取真理，提煉智慧，如此其他人便可以得知這些故事，從而獲得啟發，深深受益。不過，當時的我一如往常，依然不確定要對傑克遜說些什麼話，或該怎麼開口。

如果當時我就知道此刻我所知道的事，我絕不會浪費一分一秒去懷疑眼前的路。

因為凡是跟心靈、情緒或與人連結有關的事，還有站在廣大聽眾面前演說，我都可以做得很好。不論我想打動誰，在我和對方之間，往往就會產生一種微妙的交流：我可以感覺到對方的感受，並意識到對方的悸動。那是因為我確實知道，我經歷過或我曾害怕的一切，他們也都有過，甚至他們可能承受更多。我與他們最大的連結就在於，我意識到我們都在同一條路上，我們每個人都渴望同樣的東西——愛、喜悅與感謝。

不論你將面臨什麼挑戰，都要記得，你的人生畫布是由生活經驗、行為、反應與情緒繪製而成，而且畫筆就在你手中。要是我早在二十一歲時就知道這件事，就可以把自己從多次的心痛與自我懷疑中拯救出來。我們都早該有所領悟，每一個人都是形塑自己人生的藝術家，愛用多少顏料、想畫多少筆，都可以盡情揮灑。

每一段經歷，都是你此生最珍貴的老師。

一直以來，我對獨立、正直且支持別人的自己，相當自豪。但，「自豪」與「自我」之間的差別往往只在一線之間。而我學到有時候你必須跳脫自我，認清真相。因此，當日子變得艱難，我發現最好的應對之道是，問自己一個簡單的問題：此刻的遭遇到底要教我什麼？

回顧一九八八年，那時是我第一次掌握「歐普拉秀」的主導權，我必須買下一間攝影棚，雇用所有製作人。但是，我根本什麼都不懂，剛開始那幾年犯了許多錯（其中有個錯大到我們事後必須請來神父淨化攝影棚）。幸運的是，當時我的知名度還不高，可以私下學到教訓，從中成長。

如今，成功的代價之一就是，我不管學到什麼教訓，都會攤在陽光下。

要是我一不小心失足，立刻眾人皆知，有時候這種現實帶來的壓力會讓我想要放聲尖叫。但是，有一件事是我確實知道的，我不是那種愛尖叫的人。我一生中真正拉高聲音對人說話的次數，也不過就四次，屈指可數。

因此，每當我感到不堪負荷，就會去找一個安靜的地方。像浴室這種小小的空間，效果出奇的好。我會閉上眼睛，回歸內在，保持呼吸，直到我可以感受內在那個寧靜小空間。而我內在的寧靜，與你內在的寧靜、樹木內在的寧靜、萬物內在的寧靜都是相同的。我繼續呼吸，直到我感覺那個原本小小的空間擴展開來，充滿了我。然後，我每次用來做為結尾的方式都和尖叫相反——我對一切的奇蹟微笑。

我的意思是，這一切多奇妙啊！我，這樣的一個女人誕生了，在密西西比州長大，而當時那裡還有種族隔離政策！我的成長過程中，要想看電視還得進城去才看得到——我們家當然不可能有電視這種東西——然而如今，看看我在哪裡出現？

不論你處在人生旅程的哪一段，我希望你像我一樣不斷遇到挑戰。因為，能夠面對挑戰，歷劫重生，這其實是種祝福，而且就算是一步一腳印、艱難前行，也同樣是祝福。畢竟唯有在此，你才能遠眺峰頂，舉步攀越人生的高山。而這當中每一段經歷，都是你此生最珍貴的老師。

所有阻礙我們的困境都是有意義的

我們都經歷過必須退下舞臺的時候。面臨這種時刻，我們更需要昂首挺立，回歸內在中心，明白自己是誰。當你婚姻破裂，當定義你是誰的工作沒了，當一心仰賴的人背棄了你，毫無疑問的是，改變思考模式是改善眼前處境的唯一關鍵。我確實知道的是，所有阻礙我們的困境都是有意義的。而我們是否敞開心胸，從挑戰中吸取教訓，將會造成關鍵性差異，決定我們是迎向成功或是停滯不前。

那些看似困境的遭遇，其實是上天正在指引你轉往新方向。

隨著年紀愈來愈大，我漸漸感覺到身體的變化。不論我多努力嘗試，都沒辦法跑得像以前一樣快，但老實跟你說，我一點都不在乎。我的胸部、膝蓋和心態……一切都在改變。但令我驚訝的，反而是我此刻的沉著冷靜。過去那些讓我不停碎唸、得把頭套進洋芋片袋子裡深呼吸的事，如今再也不會煩擾我了。更棒的是，我心裡明白能夠洞見真實的自己，是要經過一生的學習方能獲得。

我說過，當我站上舞臺，對著世界各地的觀眾說話時，我總是知道自己注定是要站上那個位置。那真的是我百發百中的最佳位置。然而，世上仍是充滿驚喜，因為每當我思考自己的最佳位置何在，便領悟到我們不可能只局限於一個最佳位置。如果我們好好留意就會發現，在人生旅程的不同時刻，我們都注定會唱出那首符合自己生命的完美曲調。我們曾經做過的一切，以及注定要做的一切，都會在生命之流中匯聚在一起，與真實的我們和諧共鳴。而當這一切發生時，我們就會感受到最真實的自己所呈現的樣貌。

我感覺自己正朝那個目標邁進，希望你也是如此。

如今我學到最重要的一課就是，在追尋成功的路上，那些看似困境的遭遇，其實是上天正在指引你轉往新方向。任何事都可能是奇蹟、祝福、機會，只要你選擇如此看待所有遭遇。回想起來，若不是一九七七年我在巴爾的摩遭到降職，從六點新聞主播的位置退下來，後來就根本不會有「歐普拉秀」。

當你能看穿困難攔阻的本質，就不會對自己的道路失去信心，因為那條路是要引你邁向衷心嚮往之地。而我確實知道的是，你注定要造就的未來，源於此刻立足之地。所以，學著領會你的課題，對你犯的錯、經歷的挫折，心存感謝，將這些視為邁向未來的踏腳石，這趟學習之旅意味著你正邁向正確方向。

如果沒有挑戰、不幸、阻礙和常見的痛苦，就不會萌生力量。

每當面臨困境，我總會轉向福音歌曲「只是站著」（Stand）尋求慰藉，細聽創作這首歌的唐尼．麥克勒金（Donnie McClurkin）哼唱著：「當你已竭盡所能，卻似乎永遠不夠，你還能做什麼？當你已獻出所有，卻似乎過不了難關，你還能給什麼？」而答案就在簡單的副歌中：「你只是站著。」

這就是力量的源頭——當我們能夠面對並穿越阻礙，力量便由此而生。不屈不撓的人並非毫無困惑，他們同樣會心生恐懼，筋疲力竭。但是，在最艱難的時刻，這樣的人深信，即使自己的能力已到盡頭，但只要再往前一步，只要發揮每個人類都具備的驚人毅力，就一定能在必經的生命課題中獲得最深刻的領悟。

我確實知道的是，如果沒有挑戰、不幸、阻礙和常見的痛苦，就不會萌生力量。那些讓你想要高舉雙手大喊「饒了我」的問題，將會帶給你不屈不撓的韌性、勇氣、鍛鍊與決心。

我已經學會從所有比我早誕生的先人那裡承繼力量，並仰賴這些力量。我的外婆、祖母、兄弟姊妹、阿姨、伯母都經歷過難以想像的困境，並通過考驗，存活下來。

瑪雅．安吉羅在她的詩〈我們的祖母〉中如此頌揚：

我踽踽獨行，昂首挺立，一如我們上萬個祖母那般。

當我行走於世，我過往一切的歷史都隨身而行——每一個曾為我開路的人，都成了「我」的一部分。

花點時間回顧自己的歷史，不只是你在哪裡出生，或在哪裡長大，而是什麼樣的環境與命運造就你此時此地的存在。這一路上，哪些時刻讓你感到受傷或恐懼？危急緊要的難關，或許你見識過不少。但，最重要的是，你仍在這裡，昂然挺立。

連結

愛是存在的本質，是我們在地球上最終極的實相與目的。

——瑪莉安．威廉森（Marianne Williamson）

美國作家

愛的流動，從你開始。

這些年來，我訪談過上千人，發現每個人都有共同的渴望——我們都想要受到重視。不論你是來自堪薩斯州托貝卡市的媽媽或是在費城經商的職業婦女，每個人內心深處都渴望得到寵愛、需要、了解與肯定——擁有親密的連結，會讓我們更有活力、更貼近人性。

我在某一集的節目裡，採訪了七位不同年紀與背景的男性，他們唯一的共通點是：對妻子不忠。那真是我經歷過最有趣也最坦率的對談，帶給我很大的領悟，讓我直呼「啊哈」。我領悟到，在我們內心深處，被傾聽、被需要與受到重視的渴望如此強烈，以致我們願意用各種可能的方式，一再確認自己是否受到傾聽、需要與重視。不論男女，對大多數人來說，外遇只是用來確認自己真的很好。其中一位受訪男性，結婚十八年，他自認心中有一套道德準則，可以讓他禁得起調情的誘惑。在提及情婦時，他說：「她沒什麼特別，只是會聽我說話，對我很感興趣，關心我，讓我覺得自己很特別。」我想，這就是關鍵了——我們都想要覺得自己對某人很重要。

身為一個在密西西比、納許維爾與密爾瓦基等地長大的女孩，我從不曾感到被愛。我甚至想過，一旦我功成名就，人們就會肯定我。接著，到了二十幾歲，我開始依據有沒有男人愛上我來判斷自己的價值。我還記得有一次甚至把男友的鑰匙沖到馬桶裡，好讓他沒辦法棄我而去。當時的我，跟一個身體受虐的女人其實沒什麼不同。我的身體雖然沒有每晚挨打，但我心靈的翅膀遭到剪除，無法展翅高飛。我擁有的非常多，但只要少了男人在身邊，我便會覺得自己一無是處。一直到多年以後，我才明白，我所渴求的愛與認同不可能從外在尋獲，我必須向內尋求。

我確實知道的是，缺少親密關係，這句話背後真正的意義不是你疏遠其他人，而是你漠視自己。確實，我們都需要那種能讓我們生命豐富並支持我們的關係。但，同樣無庸置疑的是，如果你想找個人來療癒你，讓你的生命完整，幫你制止內心批判指控自己一無是處的惡言惡語，你根本是浪費時間。為什麼？因為假如你還不明白自己的存在價值，不論你的朋友、家人或伴侶說什麼，都沒辦法徹底說服你。造物主賦予你全然的責任，讓你為自己的人生負責，隨著這份責任而來的是奇妙的特權——你擁有力量，能夠給予自己愛、情感與親密的感受，即使你小時候未曾獲得。你這一生所擁有最好的母親、父親、姊妹、朋友、表親、堂親與愛人，就是你自己。

此刻，你就只差選擇看待自己是個生來就舉足輕重、分外珍貴的人——所以，從現在開始，選擇那樣看待自己吧！

不要再浪費一分一秒去想，過去你應該從父母那裡得到多少肯定，結果卻不曾得到。沒錯，你是值得那份愛，但此刻的一切取決於你，你可以給自己愛，然後往未來邁進。不要再等待你的丈夫說：「我欣賞你。」或期盼孩子告訴你：「你是很棒的媽媽！」更別期待一個甩掉你的男人回頭娶你，或希望你最好的朋友向你保證你值得。

請往內看——愛的流動，從你開始。

伸出手來，表示你的理解，讓對方感受彼此的心相連……

在所有關係裡，溝通都是關鍵。我總覺得溝通就像跳舞一樣，一個人往前一步，另一人就後退一步。只要踏錯一步，就會讓兩人陷入混亂，一起跌倒。不論是在什麼關係裡——伴侶、同事、友情或親情——當你面臨這種處境，我發現最好的選擇永遠都是詢問對方：「你現在真正想要的是什麼？」一開始，你可能會注意到對方有些侷促不安，一直清喉嚨，或是沉默不語。不過，如果你靜靜等待，且等得夠久，就會得到真心的回答，而且我敢說你聽到的不外乎是：「我想知道你在乎我。」接著你可以伸出手來，表示你的理解，讓對方感受彼此的心相連，並說出對我們每個人都最重要的三個字：「我在聽。」我確實知道的是，這麼做會讓你們的關係大幅改善。

在星空下和五十位鄰居享用大餐

我從來就不是擅長社交的人。我知道大部分的人聽到我這麼說都會很驚訝，但只要問問任何一個跟我熟識的人，他們肯定會頻頻點頭，證實我說的話。我總是為自己保留休息時間，而且我只把極少數的朋友當做家人。我在芝加哥住了很多年，有一天我突然意識到我拜訪朋友、跟人共進晚餐或是單單只為玩樂而出門的次數，簡直屈指可數——光用一隻手就數完了。

自從搬離父親的房子之後，我就一直住公寓。公寓這種地方呢，通常是不用花時間去認識鄰居，更別提開門讓任何人踏進家裡。我老是告訴自己，我們都太忙了。但是，二〇〇四年，就在我意識到自己鮮少拜訪朋友或出門玩樂後不久，我搬到加州，住進一間平房——那可不是公寓，而是一間透天的房子。從此，全新的世界在我眼前展開。經過這麼多年生活在大眾眼前，和一些世上最棒的人對談之後，如今，我終於開始與人交際了。這是我成年以來，第一次感覺到自己屬於某個社群。我記得剛搬來沒多久，我去超市購物，沿著放麥片的走道，推著購物車一路往前逛，突然有位陌生的女士攔住我，說：「歡迎搬到這個社區。我們都很愛這個地方，希望妳也會愛上這裡。」她說得那麼誠摯，我聽了差點感動落淚。

在那一瞬間，我很有意識地做了一個決定：在這座城市裡，我絕對不要像過去那些年一樣，深鎖大門，封閉生活，把自己隔絕起來，拒絕認識新朋友。現在，我住的社區裡，每個人都認識我，而我也認識他們。

一開始是隔壁的喬和茱蒂邀請我去他們家品嚐喬自製的披薩，還說一小時內就會烤好上桌，花不了多久時間。我只猶豫了一下子，便套了件寬鬆的運動褲，踩著夾腳拖，完全沒化妝就出門了。結果，我待了一整個下午。在陌生人家裡聊天，尋找彼此的共同點，這對我是全新的領域——簡直跟冒險沒兩樣。

從那之後，我就開始跟隔壁的隔壁鄰居亞柏克隆比共進下午茶，參加鮑伯和瑪琳家的後院烤肉聚餐、加入貝瑞和潔琳達家的游泳池派對，去茱莉家喝杯西瓜馬汀尼，造訪莎莉家的玫瑰花園聚會……我應邀出席了安妮特和哈洛德舉辦的正式餐宴，桌上擺出來的銀器多到我招架不住；還去瑪格家參加肋排烹飪比賽（本來我絕對有資格贏的，沒想到卻輸了）。我在尼克爾森家，邊吃黑眼豆，邊觀賞夕陽；還去瑞特曼家，在星空下和五十位鄰居享用大餐——我認識所有人，但只叫得出其中兩位的名字。所以，你沒看錯，我變得非常非常喜歡社交。

也因此，我的生活展開了預料之外的新層次。我原以為自己早就放棄交朋友了，但令我大感驚訝的是，我發現自己期待與人相處、開懷大笑、建立連結、互相接納。這為我的生活帶來嶄新的意義，讓我感受到前所未有的歸屬感，而我以前甚至沒意識到自己錯失了這些。

我確實知道的是，每件事的發生都是有道理的，那個在超市接近我的陌生人，她帶給我的感動觸發了某種契機，讓我得以把這個新的社區變成真正的家，不再僅是一個居住地而已。

一直以來，我都知道分享會讓生活更美好，但如今我領悟到，當你擴展生活圈，生活不只美好，還能變得更加甜美。

在真心相愛的關係裡，你不需要唯唯諾諾……

讓我們面對現實吧：「愛」已經成了老掉牙的話題，大家一談再談，愛變得淺薄而戲劇化，造成人們對愛產生一堆錯覺，誤以為愛是什麼，或不是什麼。我們絕大多數人都看不見愛的真貌，因為對於愛是什麼（愛應該要讓你神魂顛倒、心蕩神迷）、愛苗應該如何萌生（絕對少不了高眺、修長、機智、迷人等條件），我們都有自己先入為主的認知。於是，當愛並非以我們想像的模樣出現，我們便認不出它來。

但，我確實知道的是，愛就在我們身邊。不論你置身何處，都有可能愛與被愛。愛，以各種形態存在。有時候，我一走進我家前院，就可以感覺到院子裡的樹散發出愛的頻率。只要你尋求愛，愛就會為你所得。

我看過許多女人（包括我自己）因著浪漫幻想而暈頭轉向，以為唯有找到某人才能讓她們的生命完整，她們才能完美無缺。你仔細想想，這念頭是不是既荒唐又糊塗？你本身就已經是一個完整的人。要是你覺得自己不完整，你也要獨立以愛填滿自己空虛、倦怠的心靈。一如愛默生所言：「唯有你才能帶給自己平靜。」

我永遠都忘不了，有一回我清理抽屜，從裡面翻出一疊紙。當我看完那十二頁內容，整個人愣住，久久不能自已。那是一封情書，我寫給當年交往的男友，但從未寄出（感謝上帝我沒寄出去）。我那時候才二十九歲，一心一意只想著這個男人，整個人深陷執著與絕望中。在那十二頁哀怨又自我設限的傾訴裡，我是如此可悲，以致我在讀信的當下簡直認不出來那是自己。雖然從十五歲至今的日記我都保留下來了，但我還是為自己舉行了一場儀式，燒毀這封我過去誤以為是愛情的證據。我不想留下任何書面紀錄，顯示我曾經如此可悲，與自己的心疏離，失去連結。

我看過太多女人，為了那些根本不在乎她們的男人，放棄自己。我也看過太多女人屈就於一些人渣。但如今，我領悟到，建立在真愛上的關係，會帶給人美好的感覺，讓你由衷喜悅——不只是偶爾短暫的快樂，而是大部分時間都感到幸福。在真心相愛的關係裡，你不需要唯唯諾諾，不敢說出內心的想法，更不需要放棄自尊與尊嚴。而且，不論你是二十五歲或六十五歲，在真心相愛的關係裡，你應該可以展現全部真實的你，然後在分手時，帶著對自己更深刻的認識離開。

愛的可能性隨處都是

浪漫愛不是唯一值得追尋的愛。我遇過太多人渴望與某人相愛，期盼對方能把他們從日常生活中拯救出去，帶他們進入幸福無比的浪漫裡。但事實上到處都有嚮往與人連結的孩子、鄰居、朋友和陌生人。所以，好好環顧周遭吧！你會察覺到愛的可能性隨處都是。

另一方面，如果你發現敞開內心全速往大愛前進，會造成太大壓力的話，不妨從一檔開始：展現同理心。不久你就會感覺自己能夠順利換檔，轉向更深的境界。很快地，你就能帶給別人充滿理解、同情與關懷的祝福，還有我所確知的——愛。

你不需要獨自承擔這一切

每次遭逢危機，人們給我的支援與鼓勵，總是出我意料之外，令我大感驚喜。在我的生命裡，曾有過一些飽受磨難的時刻——我們每個人都經歷過——但朋友的愛與善意一直支撐著我，他們不知道對我來說，光是關心地問：「我能幫什麼忙嗎？」就已經是幫忙了。那些我熟識的人，以及更多我素未謀面的人，在我艱困難過的時刻，彷彿為我搭了一座橋，幫助我跨越危機。

我永遠都忘不了，幾年前當我經歷嚴重的挫敗時，我的朋友貝比・魏南斯[1]有一天突然來訪。他說：「我來告訴妳一件事。」然後他開始唱我最喜歡的聖歌：

我奉獻所有。我奉獻所有。
將一切獻上給祢，我慈愛的救主。
我奉獻所有。

我靜靜坐著，閉上雙眼，敞開心胸接納這份愛的禮物與美妙的歌聲。聽他唱完這首歌，我所有的壓力都釋放了，整個人鬆下來。我單單因為當下的存在而滿足。這是我好幾週來第一次感受到純粹的平靜。

當我打開雙眼，拭去臉上淚水，見到貝比．魏南斯笑容滿面。他綻放招牌的燦爛笑容，在大笑中給了我一個大大的擁抱，說：「好女孩，我只是來提醒你，你不需要獨自承擔這一切。」

知道有人在你不順的時候，關心你好不好——這就是愛了。我很慶幸有機會確實知道了這件事。

1 BeBe Winans（1962-），葛萊美獎最佳福音歌曲男歌手。

「開雪佛蘭看遍美國」之旅

我原以為自己對友情非常了解，直到我和蓋兒・金開著雪佛蘭羚羊車橫跨美國，經歷了十一天的公路旅行，才明白自己知道得太少。打從二十出頭開始，我們就一直很要好。我們幫助彼此度過艱難的時刻，一起渡假，在我的雜誌中合作共事。然而，我們依然有太多事需要學習。

二〇〇六年陣亡將士紀念日那天，我們的「開雪佛蘭看遍美國」之旅正式啟程。你還記得多年前的那支汽車廣告嗎？嗯，我一直覺得那個點子很迷人。當我們從我在加州的家出發，一路大聲唱著那首廣告歌，連抖音都不放過，唱到後來，我們簡直笑到不行。過了三天，到了亞利桑那州的霍爾布魯克附近時，我們都還在哼那首歌。然後五天過去了，我們來到科羅拉多州的拉馬爾時，不約而同一起停止唱歌。

這趟旅行讓我們筋疲力竭。每天六個小時，然後八個小時，再來十個小時，只看到一直往前不斷延伸的公路，其他什麼都沒有。輪到蓋兒開車時，她堅持開著音樂；我則偏好安靜。「跟我的思緒獨處」，這句話成了最大的笑話。當她大聲跟著唱時，我明白了這世上沒有她不知道的歌（她幾乎宣稱每首歌都是她的最愛）。輪到我開車時，這種她認定的「寧靜」對我來說實在傷腦筋，於是我學會保持耐心。等到我逐漸失去耐心，我就去買一副耳塞。我們每晚下榻的旅館都不同，儘管疲憊不堪，我們還是可以拿對方取笑——我們笑我什麼都愛操心的焦慮、在州際公路駕駛的焦慮、超車的焦慮。喔！還有過橋的焦慮。

當然，蓋兒肯定會說我不是一個好駕駛。她自己就是個優秀駕駛，在賓州收費公路毫不費力地轉彎，把我們安穩地載到紐約。真要挑剔的話，也就只有一個小瑕疵。那時我們剛進入賓州，但她隱形眼鏡戴太久了，眼睛相當疲倦。我們抵達喬治華盛頓大橋時，兩人都鬆了一口氣，因為終於不用再吃加油站賣的零食和豬皮了。

眼見夜幕即將低垂，天就要黑了。忽然，蓋兒說：「我真的很不想告訴妳這個壞消息，但我看不見了。」

「妳看不見？什麼意思？」我試著鎮定地問她。

「所有車頭燈都有一圈光暈。妳看到的也是這樣嗎？」

「喔！沒有耶，我看到的車頭燈都正常，沒有光暈。妳看得見路上的標線嗎？」現在我忍不住大喊了，腦海裡浮現的標題是：「一對好友在喬治華盛頓大橋發生車禍，一生的旅程就此告終。」那裡根本沒地方讓我們停到路邊，而其他車子更是飛快地呼嘯而過。

她說：「我很熟悉這座橋，或許這可以救我們一命。我有個計畫，當我們抵達橋上的收費站時，我會停在路邊，拿掉隱形眼鏡，改戴眼鏡。」

問題是，那裡距離收費站還好遠。我幾乎驚慌失措地說：「我可以做什麼？妳需要我替妳掌控方向盤嗎？」

「不用，我會緊靠著白線走。還是，妳可以幫我摘下隱形眼鏡，替我戴上眼鏡？」她居然開起玩笑。至少我認為她是在開玩笑。

「那太危險了，根本不可能。」我答道。

「那就把冷氣開大一點吧！我滿身大汗了。」她說。

前往收費站的途中，我們倆緊張地直冒冷汗，幸好終於平安抵達紐約。巧的是，有一群跟在我們後面的人，身上穿的T恤寫著：我從公路旅行中活下來了！

我確實知道的是，如果你能和朋友一起在一個狹小的空間裡旅行十一天，而依然存活，最終還可以笑得出來。那麼，你們的友情絕對貨真價實。

莎蒂小姐

關於我的愛犬莎蒂如何進入我生命的故事，已經流傳好久了：在芝加哥的人道中途之家，牠抱住我的肩膀，舔著我的耳朵，在我耳邊喁喁細語：「請帶我一起回家。」我可以感覺到牠努力爭取和我一起展開新生活。

我立刻感受到自己與牠的情感連結，但為了確保我不是一時衝動愛上小狗，蓋兒說：「妳何不等一等，看看明天的感覺如何？」於是，我決定等二十四小時。隔天，一場鋪天蓋地的大風雪籠罩芝加哥，路上可見度幾乎是零——我心想，今天絕對不是帶小狗回家的好日子。尤其是我住在高樓層，即使陽光普照，都很難在七十七層樓高的地方進行小狗的居家訓練——因為剛開始教小狗什麼時間可以或不可以出去，必須常帶牠外出。

儘管如此，史戴曼和我還是套上大衣，開著我們的四輪傳動車，在風雪中跋涉到芝加哥的另一頭。我發誓只要「再看一眼就好」。莎蒂小姐，那柔弱稚嫩的小狗對我的心傾訴。偏偏我這個人就是愛濟弱扶傾，恨不得把所有落水狗都變成贏家。

結果，一小時過後，我們人在派可寵物用品店，採購寵物用的摺疊籠、狗尿墊、狗項圈和牽繩、幼犬的食物和玩具。

一開始，我們把籠子放在床邊，但牠還是哭個不停。後來我們把籠子放到床上中央，這樣一來，牠就可以清楚看見我——我盡一切努力幫助牠在離開狗窩的第一夜，免受分離焦慮之苦。沒想到還是傳來一陣陣嗚咽，接著變成放聲狂吠。我只好把牠從籠子裡抱出來，讓牠睡在我的枕頭上。我心裡很清楚，這麼做是沒法訓練好一隻小狗的。但我還是做了——而且我居然做到讓莎蒂以為我跟牠是同一窩出生的。隔天早上我醒來時，發現牠的鼻子緊挨著我的肩膀，那成了牠最舒服的睡姿。

帶牠回家五天後，我開始失去理智，不停說服自己接納牠的兄弟伊凡。二十四小時之後，生活變得如此美妙：伊凡成了莎蒂的玩伴，而我也終於不用再扮演這個角色了（能夠從假裝嗅聞、摩擦壓扁的小兔子中脫身，真是太好了）。

伊凡一整天都在陽光下和莎蒂、我的兩隻黃金獵犬路克及萊拉嬉戲。然後，牠突然吃不下晚餐。接著開始腹瀉，隨後開始嘔吐，繼續腹瀉。我還記得，那一天是週六。到了週一晚上，我們知道牠得了可怕的犬小病毒腸炎。

十三年前，我的棕毛可卡犬所羅門經歷過這種病的折磨。那場病幾乎要了牠的命，足足在動物醫院裡待了二十天。所羅門得病的時候超過一歲，但伊凡才十一週大。牠幼小的免疫系統還不夠強壯，沒辦法戰勝疾病。就在我們帶伊凡去急診之後四天，牠走了。

那天早上，莎蒂拒絕進食。雖然牠之前檢查結果是陰性的，但我知道牠肯定也得了犬小病毒腸炎。

於是，我們為了拯救牠，經歷了一場漫長的折磨——先是輸血，然後抗生素，接著益生菌。我們每天都去探望，希望牠能比照這個國家的每個公民，獲得同樣完善的醫療照護。頭四天，牠的病情迅速惡化。有一度我甚至告訴獸醫：「我準備好讓牠離開了，我們實在不該讓牠這樣苦苦掙扎。」

但牠熬過來了。隔天牠的白血球指數開始改善，兩天後，牠開心地吃下一點雞肉。

那之後沒多久，莎蒂回家了，雖然瘦到皮包骨，身體也很虛弱，但牠準備好要展開新生活。後來，牠也真的徹底康復了。

牠和伊凡住院期間，我擔心到沒辦法休息，睡得很少，那感覺就像我的家人生病一樣。我確實知道的是，寵物在我們生命中代表的是，一種相互的情感連結，對彼此無條件的關懷。

人與小狗的愛，就是這麼獨特。這世界有什麼比得上？

唯一有價值的是，我們是否愛過人。

當你讓愛成為生命故事的主軸，就永遠不會出現結局，因為故事會繼續傳承下去。你把愛的火炬傳給一個人，他或她就會點燃下一個人、再下一個人、下下一個人的火炬。而我確實知道的是，當我們來到生命的盡頭，總結我們的一生——當清單上不再有下一件事待辦，當激情止息，當電子信箱清空——唯一有價值的是，我們是否愛過人，還有，他們是否愛過我們。

感恩

一生中只要有一句祈禱詞：「謝謝你。」便已足夠。

——艾克哈大師（Meister Eckhart）

德國神學家、哲學家和神祕主義者

為自己撒播更多善意，同時也吸引更多善意。

多年來，我一直提倡感恩的力量與喜悅。我寫了整整十年的感恩日誌，沒有一天錯過，而且鼓勵我認識的每個人都這麼做。可惜，後來生活漸漸忙碌起來，我的行程打敗了我。有時候，晚上我還是會打開日誌來看，但我每日必行儀式——寫下當天感謝的五件事——不知不覺消失了。

這是一九九六年十月十二日那天我感謝的事：

1. 在佛羅里達州的漁人島跑步時，一路上微風徐徐吹來，涼爽極了。
2. 在陽光燦爛的沙灘上，吃著冰涼的甜瓜。
3. 和蓋兒長聊，我們一起取笑她和那位馬鈴薯頭先生的盲目約會。

4. 雪酪甜筒冰淇淋，甜美到讓我吮指回味。

5. 瑪雅．安吉羅打電話給我，為我朗讀她剛作的詩。

幾年前，當我偶然翻閱感恩日誌，忍不住納悶起來，為什麼我不再為這些簡單的時刻感到喜悅。打從一九九六年之後，我累積了更多金錢，承擔了更多責任，擁有更多財產；所有的一切看起來都以倍數成長——只有我的快樂例外。我明明擁有那麼多選擇和機會，怎麼會讓自己變成那種沒時間快樂的人？我的觸角延伸到這麼多領域，竟然沒有太大感受。我到底在忙著做些什麼。

但，真相是，我一九九六年也很忙啊！只是當時的我把感恩當做每天的優先事項，日復一日，我都好好回想當天值得感謝的事，而總有一些事會浮現腦海中。

有時候，我們一心只想著登上高峰的艱難，卻忽略了光是有山可以爬，就值得感謝。

我的生活依然瘋狂地忙碌。儘管如此，我今天還是刻意播出空檔好好感謝自己有堅持下去的耐力。而且，我又重新開始寫日誌了（這回改成數位形式）。只要值得感恩的時刻一出現，我就隨時記下來。我確實知道的是，如果能對所有出現在生命中的事件心懷感激，你的整個世界都會改變。當你意識到自己擁有的一切，而不是老想著自己欠缺的，你就會為自己散播更多善意，同時也吸引更多善意。

我確實知道的是，如果你每天撥出時間感恩，即使只是感謝一些小事，但效果之大，肯定會讓你驚喜。

即使置身於暴風眼，
上帝依然在烏雲間安排了彩虹。

「快說『謝謝你』！」多年前，瑪雅．安吉羅對我說的這番話逆轉了我的人生。當時我把自己關在浴室裡，坐在馬桶蓋上。我和她講電話時，完全控制不住自己的情緒，淚如雨下，講起話來一點條理都沒有。

「快停下來！」瑪雅責備我：「現在就停止哭泣，說：『謝謝你』！」

我哽咽著說：「可是妳……妳根本就不了解。」時至今日，我已經忘了到底是什麼事讓我哭成那樣，這也證明瑪雅當時試圖告訴我的話是對的。

「我完全了解，」她對我說：「但我想現在就聽妳說。大聲說出來，『謝謝你！』」

我帶點嘗試的意味，跟著她說：「謝謝你。」接著用濃濃的鼻音說：

「可是，我到底是要謝什麼啊？」

瑪雅說：「妳說謝謝，因為在內心深處，妳相信不論遭遇什麼問題，妳都會安然度過。妳說謝謝，因為妳心裡明白，即使置身於暴風眼，上帝依然在烏雲間安排了彩虹。妳說謝謝，因為妳心裡明白，沒有任何問題比得上創造一切的造物主。所以，說『謝謝你』吧！」

於是，我照她的話做了。一直到今天，我依然這麼做。

時時刻刻都抱持感恩的心，不是件容易的事。但當你心懷怨懟，難以感恩的時候，你最需要的是洞悉一切的能力，而唯有感恩，才能賦予你洞見。感恩能扭轉各種情勢，影響你振動的頻率，讓你的負面能量轉變成正面能量。若要改變你的生命，感恩是最快產生效果、最容易也最強大的工具——這是我確實知道的事。

感恩帶給我們的禮物是，為了體會感激之情，你的自我必須讓位，空出來的位置則由更大的同理心與諒解遞補。你選擇心懷感謝，而非任由自己陷溺在灰心喪氣中。一旦你愈感恩，你的生命中就會出現愈多值得感恩的事。

瑪雅・安吉羅說的對。不論你正在經歷什麼，你唯一要做的只是去經歷它。一切都會過去，所以，現在說聲「謝謝你」吧！因為你知道彩虹即將出現。

更愛自己的關鍵，就是不論胖瘦都要感謝我的身體。

我花在思考下一餐吃什麼的時間，多到數不清：接下來要吃什麼？我剛吃了什麼？那些食物有多少熱量和脂肪？我必須做多少運動才能燃燒掉那些熱量和脂肪？要是我沒運動，那些熱量和脂肪多久以後會變成多出來的體重？類似這樣的問題，我一直想個不停。多年來，食物的問題一直在我心頭縈繞不去。

一直到今天，我還保留當年開給第一位減肥醫生的支票——那是一九七七年，在巴爾的摩。我當時才二十三歲，六十七公斤，衣服的尺寸是八號，而我覺得自己很胖。醫生為我設計了一千兩百卡路里的節食療程，兩個禮拜不到，我減了四．五公斤。可是，兩個月後我就胖回來了，體重增加了五．四公斤。於是，我開始陷入惡性循環，對自己的身體不滿，跟身體展開抗戰。事實上，我對抗的是自己。

我加入了節食社團，報名參加一堆減肥計畫——比佛利山節食餐、阿金減肥法（Atkins）、史卡斯戴爾減肥法（Scarsdale）、甘藍菜湯減肥法，我連香蕉減肥法、熱狗減肥法、吃蛋減肥法都試過了（你肯定以為我在開玩笑，我也真希望我是說笑）。當時我不知道的是，這些減肥法都讓我的肌肉得不到足夠營養，新陳代謝變慢，結果導致復胖，甚至比我原本的體重更重。大約一九九五年時，經過將近二十年的體重暴起暴落之後，我終於有所領悟——讓我更愛自己的關鍵，就是不論胖瘦都要感謝我的身體。

儘管我終於領會其中的關聯，但在生活中實踐又是另一回事。直到六年後，我足足有六個月時間飽受不明原因的心悸之苦，到那時我才真正覺悟了。我在二〇〇一年十二月十九日的日記中寫道：「我可以確知一件事——夜裡的心悸，讓我更加清楚感受到清晨醒來的快樂，也更感謝每一天。」我再也不把自己的心臟視為理所當然，並開始感謝它從過去到現在帶給我的每一次跳動。心臟的奧妙簡直不可思議，在那之前的四十七年，我從未思考過我的心臟在做什麼，它只是一次又一次地跳動著，提供氧氣給我的肺、肝臟，甚至大腦。

這麼多年來，我一直沒給我的心足夠的支持，害它失望沮喪，狀態跌落谷底。我吃得太多，壓力過大，過分努力。難怪每到夜裡我都已經躺下，心臟還無法停止奔馳。我一直深信，在生命中發生任何事都是有意義的，每一次體驗都是為了帶給我們一則訊息，只要我們願意靜下來傾聽。但是，我那顆超速的心臟究竟想告訴我什麼呢？答案我還不知道。不過，光是提出這個問題，就足以讓我正視自己的身體，意識到我過去多麼輕忽身體，不知珍重愛惜。我醒悟到每一個減肥計畫都是源於我想要穿上某件合身的衣服——或只是想找個容身之處，自在地融入。至於照顧心臟，照顧我生命力的源頭，卻從未列入我的優先選項。

有一天我徹夜不眠，直到晴朗宜人的晨光乍現之際，我對自己發誓，從這一刻開始要好好愛護心臟。我要帶著敬意對待它，給它足夠的營養，讓它好好發揮功用，然後適時休息。就這樣過了一陣子，有一天晚上，我從浴缸裡出來，瞥見全身鏡中的自己。這是生平第一次，我沒有立刻陷入自我批判。事實上，面對此刻眼中的自己，我突然無限感激，一股暖流湧入心中。我的頭髮編成辮子，素淨的臉龐完全沒上妝，雙眼炯炯有神，肩膀和脖子渾圓結實——我由衷感激這具讓我安身立命的身體。

我把自己從頭到腳打量了一番，儘管還有許多改善的空間，但我不再厭惡自己身體的任何一部分，就連橘皮組織看起來都不討厭了。我心想，這就是上天賦予妳的身體，好好愛妳得到的一切吧！於是，我開始真正愛上自己與生俱來的容貌——像是我兩歲起就有的眼下細紋，儘管已隨著歲月逐漸加深，但依然是我親愛的皺紋；我也愛上我那寬鼻子，八歲時，我想盡辦法要讓鼻子高挺一點，甚至在睡前用晒衣夾在鼻翼兩側夾兩顆棉球，這樣睡上一整夜，結果長大後鼻子就成了現在這副模樣啦！我還愛上我的厚嘴唇，過去我曾經在微笑時緊抿著嘴唇，但一直以來我每天都要靠它們對成千上萬的人說話，我的嘴唇當然必須厚實飽滿！

當我站在鏡子前，那一瞬間，我親身體驗到卡洛琳・羅傑斯（Carolyn M. Rodgers）在我最愛的一首詩〈好個美麗的我〉（Some Me of Beauty）中提到的「靈性蛻變，以及從內心深處重新燃起的愛」。

我確實知道的是，只要你能夠帶著感激之情，與身體和平共處，便毋須與自己的身體陷入苦戰。

專注於出現在生命中的善意

我置身於感恩之中，因而獲得無數的好報。我開始對許多小事感恩，而我愈是心懷感激，就變得愈慷慨大方。這是因為你專注的一切將會延伸擴展——無庸置疑。當你專注於出現在生命中的善意，你就會創造更多善意。

重點不在送什麼，而是你投入多少心思，唯有如此，在禮物消失後，你的心意依然留存。

施比受更有福，這種說法我想每個人都聽過。不過，我確實知道的是，除了有福之外，付出還會帶來更多樂趣。況且，最讓我開心的是，能夠好好預備一份禮物，對方又肯欣然接受。

坦白說，送人禮物帶給我的快樂並不比收禮的人少。我只要感覺來了，便送禮給人。這意味著，一整年裡，我隨時都可能寄一封手寫信給某個人，讓對方大感驚喜；或者，送一瓶我剛發現的好用乳液；或是，快遞一本繫上蝴蝶結的詩集。重點不在送什麼，而是你投入多少心思，唯有如此，在禮物消失後，你的心意依然留存。

我的朋友珍妮芙有一次在我家前門的階梯上，放了一大碗她剛剛從自家後院摘下的鮮黃檸檬，有些檸檬還帶著莖葉，十分新鮮。她在白色的碗上繫著綠色緞帶，還留了張紙條給我：「早安！」那份禮物如此簡潔美麗，以致後來檸檬都乾枯了，我還是一經過放碗的位置，就能感受到那份心意。如今，我在家裡也放了一個裝滿檸檬的碗，讓自己可以時時重溫當初那句「早安」帶給我的感動。

你想必聽過之前我在節目中送出上百輛汽車吧！那次，每位現場觀眾都得到一輛龐帝克汽車。我做電視節目以來，就屬當時最快樂了。不過，在那次大規模的贈送活動之前，我花了點時間在漆黑的衣櫃裡靜坐冥想，試著讓自己安住當下，不要對即將到來的大驚喜焦慮不安。對我來說，找到真正需要新車的人來當現場觀眾，才是最重要的，唯有如此，這一切驚喜才有意義。因為，我希望這份禮物能傳遞出更深一層的意義：分享你所擁有的。我為此祈禱，就坐在一堆鞋子和包包之間，在黑暗裡衷心盼望這份意念能傳遞出去。接著，我下樓進入攝影棚——結果，我的祈禱應驗了。

所有美好的食物都來自土地

我徹頭徹尾就是個鄉下孩子，從小在密西西比的農村長大。在我們那裡，食物若不是自己種的或養的（像是豬肉和雞肉），我們可是不吃的。幫外婆去菜園裡拔蕪菁，然後坐在前廊折豆莢、剝豌豆，這些都是我小時候的例行工作。

如今，在春、夏、秋三個季節裡，我每週最愛的日子就是收穫日。我們會到菜園去，採集朝鮮薊、菠菜、南瓜、四季豆、玉米、番茄和萵苣，加上一整籃的新鮮香草、洋蔥和大蒜。滿滿的豐收，總讓我興奮不已。

眼見少少的栽種竟能換來如此大豐收，往往令我心生敬畏。事實上，我的問題是收穫量太多了。我根本就吃不完，但又不想丟掉自己費心種植的菜。那畢竟是你從種子就開始培育的食物，丟掉這些食物感覺像扔掉一份禮物一樣。於是，我高高興興地把菜分給鄰居，但菜還是一直長，送出去的速度根本追不上生長的速度。

所有美好的食物都來自土地，不論你是從農夫市集、當地的食品商店或自家後院取得。而且我確實知道的是，好好吃一頓的喜悅，值得我們細細品味。

有一回我削了片桃子，一入口，甘甜多汁，味道棒極了，我甚至邊吃桃子，邊想世上哪有言語可以形容這顆桃子——你必須親自嚐過，才能體會桃子的真義。我微閉雙眼，以便更能好好享受那風味。但，這還不夠，於是我留下最後兩口沒吃，想跟史戴曼分享，看看他是不是跟我有同感，也認為這顆桃子是有史以來最美味的。他咬了第一口，說：「嗯嗯嗯……這桃子讓我想起童年。」就是這樣，當你帶著感激之情，不論分享的是什麼，再微小的東西都會變得偉大。

一個人能夠付出的最好禮物，就是自己的心意。

我至今記憶猶深，那回我第一次跳脫框架，為一個陌生人做件重要的事，而不像從前只會為家人和朋友這麼做。當時我在巴爾的摩跑新聞，報導一位帶著孩子的年輕媽媽。那一家人的經濟拮据，生活陷入困境。採訪過後，我回到他們家，帶他們去購物中心採購冬天的外套。當時他們的反應讓我畢生難忘。看著他們表現出莫大的感激，我因此領會到為有需要的人做些讓他們驚喜的事，會帶給我多大的喜悅。

那是一九七〇年代晚期，從那之後，感謝上天的眷顧，讓我有能力贈送真正的好禮物——從喀什米爾床單到大學教育，我陸續給出許多禮物，有房子、車子、環遊世界之旅，甚至是優質保母的托育服務。但，我始終相信，一個人能夠付出的最好禮物，就是自己的心意。

在我五十歲的生日午宴上，每位出席的女士都寫了張紙條，跟我分享我們之間的友誼對她們的意義。所有的紙條最後收在一個銀盒子裡，直到現在，我仍好好珍藏在床頭櫃。每當心情低落，我就會抽出一張紙條，用上面的話語來鼓舞自己，重新振作。

大約一年後，我負責主持一個週末慶典。那個慶典舉辦的目的是表彰十八位重要的女士——她們打破疆界，建立聯繫；並表揚幾十位年輕女性一路走來的成就。我將這個慶典命名為「傳奇人物之夜」，而就在典禮結束後，所有出席的年輕女性給我捎來謝函。每封信上都是漂亮的手寫字，並且裝訂成冊。這疊謝函日後也成了我最珍貴的財產之一。最近，有個朋友正遭逢逆境，這些信給了我一個點子：我打電話給她所有的朋友，請每個人都寫張愛的紙條給她，然後我再把這些紙條裝訂成冊。

我給別人什麼，別人就會回報我什麼。而我確實知道的是，我們此時此刻要做的事，就是讓付出持續不斷地傳遞下去。

一個人要夠有福氣才能變老

餐廳裡，隔壁桌的人聲量很大，他們正在慶祝特別的日子——五個服務生合唱著：「親愛的瑪麗蓮，生日快樂，祝你快樂……」當瑪麗蓮吹熄巧克力杯子蛋糕上的一支蠟燭，我們全都為她鼓掌喝采。有人轉頭看見我，問我是否願意與他們合照。

「當然沒問題，」我欣然答應，不經意地問道：「瑪麗蓮滿幾歲了呢？」我其實也沒特別對哪個人發問。

突然之間，那一桌全都緊張地笑了起來。有個人憤慨地譏諷我：「我不敢相信妳居然會問出這種問題！」

瑪麗蓮靦腆地低下頭，告訴我：「我不敢說。」

我一開始只覺得好笑，後來卻不禁訝異：「妳想要拍張照片紀念妳的生日，卻不想說妳幾歲？」

「這個嘛……我就是不想大聲說出來。打從知道要過生日，我就大受打擊。光是想到這件事，我就反胃。」

「妳的意思是，只要一想到妳再度一筆一筆地為過去一整年留下痕跡，妳就想吐？每一次的憂慮，每一次的衝突，每一次的挑戰，每一次的快樂，每一天的每一口呼吸……這一切造就了此時此刻的妳，而妳如今順利走過來了，正在為此慶祝——雖然只是用一支小小的蠟燭慶祝——妳卻同時否定這一切？」

她說：「我沒有否定這一切。我只是不想成為四十三歲而已。」

我假裝驚恐地倒抽一口氣：「妳已經四十三歲了？我的天！現在我了解妳為什麼不想讓別人知道了。」大家再度緊張地笑了起來。

拍完合照，我腦子裡還是不停地想著瑪麗蓮和她的朋友。

我還想起梅桂爾·魯伊茲（Don Miguel Ruiz）寫的《讓心自由》（*The Four Agreements*），這是我最愛的書之一。根據魯伊茲的說法：「儲存在頭腦中的信念，有九五％都是謊言，我們卻因為相信這些謊言而受苦。」[1]

我們深信不疑的謊言是，變老等於變醜，而且我們還在生活裡增強這種信念。然後，我們批評自己與別人的外貌，用盡辦法保持青春。

這也是為什麼這麼多年來，我一再詢問女性對年紀有什麼感覺。從波．德瑞克（Bo Derek）到芭芭拉．史翠珊（Barbra Streisand），我每個人都問了。艾莉．麥克洛（Ali MacGraw）告訴我：「對於害怕老去的三、四十歲女性來說，我們這把年紀的女人傳遞了一種訊息：『妳快要完蛋了。』但這種說法簡直是欺騙嘛！」

貝芙利．強森[2]說：「我為什麼要努力保持青春的體態，即使我早已不是青少年，而且大家都心知肚明？這個狀況讓我有所領悟。」

西碧兒．雪佛（Cybill Shepherd）坦承她內在的恐懼：「我非常害怕，一旦變老，我就再也沒有價值了。」

我對年紀的看法是，一個人要夠有福氣才能變老（我常想到九一一事件中去天國當天使的那些人，他們永遠都無法變老）。想想看，那些渾身散發活力與優雅迎向老去歷程的人們，可以帶給我們多大的智慧啊！

在這件事上，我有最棒的導師。瑪雅．安吉羅，年過八十，依然在各地巡迴演說。昆西．瓊斯，經常遠行，到偏遠的世界角落開創新計畫。薛尼．鮑迪[3]，是我夢想成為的典範，如果我有幸能活那麼久的話——他一直擴展他的知識領域，幾乎什麼都讀，甚至在八十五歲時創作了他的第一本小說。

確實，我們的文化崇拜青春，且不停地告訴我們：一旦青春不再，年邁衰老，看起來不夠「辣」，就會成為無足輕重的人。但我拒絕接受這套扭曲的觀點，而且我絕不謊報或否認自己的年紀。因為這麼做根本就是助長我們社會的病態——其病癥就是，妄想成為另一個人，而非自己。

我確實知道的是，唯有認同自己的本質與樣貌，才能邁向豐富的人生。

1 這段話出自《讓心自由》第一章〈馴化與星球之夢〉。
2 Beverly Johnson（195-），第一位登上美國 *Vogue* 雜誌封面的黑人模特兒。
3 Sidney Poitier（1997-2007），美國影史上第一位黑人奧斯卡影帝，一九九七年受命成為巴哈馬駐日本大使，二〇〇二年獲頒奧斯卡終身成就獎。

對於那些誤信迷思，以為自己可以回復青春的人，我深感遺憾。否定自我無法帶給你最好的人生，你必須認同自己經歷過的每一刻，並在此時此刻留下專屬於你的印記。

你已經不是十年前的你，而且，如果你夠幸運，你也跟一年前的你大不相同。就我看來，年紀的重點在於改變。只要我們願意，我們的經歷將會持續教導我們認識自己。對此，我定要好好慶祝，大加讚揚，致上最高敬意。而且，不論我有幸活到什麼年紀，我都由衷感激。

只要他說話，
我必定好好聆聽。

我從沒想過「歐普拉秀」一做就是二十五年。其實，第十二年的時候，我已經考慮停掉這個節目。我一點都不想變成那種在派對裡逗留太久、遲遲不肯離開的女孩，另一方面，我也擔心自己老想著必須維持人氣的念頭。

那時，我接演了電影「魅影情真」，在片中飾演一位重獲自由的奴隸。那個角色徹底改變了我對工作的看法。我憑什麼？明明得到了祖先無法想像的機會，居然還敢覺得倦怠，想放棄？於是我再續約四年，然後再兩年。

一直到了二十週年，我幾乎確定是時候該熄燈了。就在這時候，我收到馬提．史德潘內克（Mattie Stepamek）的 e-mail。

馬提是個十二歲的小男孩，患有罕見的肌肉萎縮症。他曾上過我的節目，朗誦自己的詩。我們隨即成為好友，不僅常通信，而且只要一有空就會打電話聊天。他總是逗我大笑，有時也會讓我流淚。但大多數時候，因為他，我感覺自己更能體會人性，也更明白何謂活在當下，並對一切深深感激，即使是最微不足道的小事。

年紀小小的馬提承受許多折磨，他一再進出醫院，卻鮮少抱怨。因此，只要他說話，我必定好好聆聽。二〇〇三年五月時，我正在苦思要不要讓節目劃下句點時，他成為促使我改變心意的神奇力量。以下是他的來信：

親愛的歐普拉：

哈囉！是我，馬提……你認得的那個小伙子。我正在祈禱，希望陣亡將士紀念日左右可以出院回家。現在還沒辦法確定，所以我沒有跟很多人說。似乎每次只要我努力想回家，身體就會再出新狀況。醫生沒辦法「修好」我了，但他們同意讓我回家。還有，別擔心，我不是打算要

「回家等死」或之類的事。

我回家，是因為在這裡他們已經束手無策。萬一我痊癒了，那也是因為我注定要痊癒；要是我沒痊癒，那麼，我得到的指令就是離開這裡，該是時候前往天堂了。我個人很希望指令是這世界還需要我待久一點，做好傳述者的工作，但一切終究取決於上帝。不過，至少我現在只需要大約每週輸血一次，所以狀況已經好多了。雖然這話聽來很怪，但能從這麼多人身上得到血液與血小板，實在太酷了！能以某種方式和世界連結，我相當引以為傲。

我得知妳正計畫在滿二十週年的時候讓節目畫下句點。不過，我的看法是，妳應該等到二十五週年再停掉白天的節目。請先聽我解釋為什麼這麼想。

二十五對我來說更有意義，部分是因為我有點強迫症，而二十五是個完美的數字。它是完美的平方數，代表四分之一，不像二十只是五分之一。此外，當我一想到數字二十五，特別是跟退休或完結之類的事有關時，不知為何我的心裡就會充滿亮麗的色彩，重新恢復活力。我知道聽起來很怪，但這是真的。妳已經創造許多歷史紀錄，每一項都如此精采而美好，為什麼不用四分之一世紀的時間創造更偉大的歷史，以高尚有質感的節目，帶給更多人感動與啟發？妳可以考慮一下。當然，這只是我的個人意見，但我有時對事物有種直覺，而此刻我就有這種感覺。而且我想，不論對世界或對妳，這都是好事。

獻上對彼此的愛

馬提

跟我熟識的人都知道，我也「有時對事物有種直覺」，而我的直覺告訴我要好好聽這個天使般的男孩所說的話，我相信他是為這個時代帶來重要訊息的傳述者。

不知怎地，他似乎早在二〇〇三年就清楚預見，不論在情緒上或靈性上，我都還沒準備好結束那個階段的工作生涯。後來，當我終於準備好翻開人生的下一章，我毫無遺憾地往前邁進，心裡只有滿滿的感恩。

此外，我確實知道的是，不論天堂在哪裡，馬提此刻一定在那裡。

日日細數發生在自己身上的好事，以此來感謝我的生命。

每天早上，當我打開窗簾，不論第一眼看到的景色是什麼——下雨、起霧、陰天、大晴天——我的心裡總是無限感恩。我又得到一次機會了！

我確實知道的是，不論處在順境或逆境，生命都是禮物。而我也相信，不論我們住在哪裡、外表看起來如何或做什麼工作維生，只要一提及生命中最重要的事——也就是那些讓我們笑與哭、傷悲與期待、快樂與歡慶的事——每個人的內心都有同樣的空間來容納，差別只在於，用來填滿心裡的事不盡相同。以下是我最愛的十五件事：

1. 在我的菜園裡種菜。

2. 週日早上，為史戴曼做藍莓檸檬鬆餅。每次都能成功逗他開心，就好像他才七歲一樣。
3. 解開狗繩，讓每隻狗都在前院的草坪上奔跑嬉鬧。
4. 寒氣襲人的陰雨天，在壁爐裡燃起熊熊爐火。
5. 從我的菜園裡採收蔬菜。
6. 讀一本好書。
7. 在我最愛的地方讀書：我的橡樹下。
8. 用自己種的蔬菜做料理。
9. 睡到自然醒。
10. 在真正的鳥叫聲中醒來。
11. 做一場激烈的運動，讓整個身體充滿氧氣。
12. 吃自己種的蔬菜。
13. 保持平靜。
14. 擁抱安靜。

15. 每天都進行靈性操練，學習感恩。日日細數發生在自己身上的好事，以此來感謝我的生命。

潛能

翱翔，穿越蒼天，見識從未見過的一切；
離開，迷失方向，但繼續往上攀升。

——艾德娜·聖文生·米雷（Edna St. Vincent Millay）
第一位獲得普利茲詩歌獎的美國女詩人

恐懼會奪去你的生命力。每次當你向恐懼屈服，便會失去力量。

要怎麼做，我才能更透澈了解自己的潛能？至今我仍如此問自己，特別是在思忖人生下一階段要做什麼的時候。

在我做過的每份工作，住過的每座城市裡，我總是盡力學習成長，每當我的成長到達極限，再也無法突破時，我就知道是時候該離開，繼續前進了。有時候，一想到要往前邁進，我就怕得要命。但是，每次我都從中學到勇氣的真正定義——即使害怕，膝蓋抖個不停，你還是往前跨步。唯有勇敢起步，才能邁向宇宙為你準備的壯闊美景。如果你任由恐懼宰制，就會動彈不得。一旦你落入恐懼的掌控中，它就會盡一切力量阻止你成為最好的自己。

我確實知道的是，不論你害怕的是什麼，那些事本身並無力量——真正擁有力量的是你的恐懼。事物本身根本動不了你，但恐懼會奪去你的生命力。每次當你向恐懼屈服，便會失去力量，任由恐懼吸收了你的力量，變得更壯大。這就是為什麼不論眼前的路看起來多難走，你都必須督促自己超越焦慮，繼續往前。

幾年前，我每天都會在日記裡寫下這個問題：「我在害怕什麼？」隨著時間過去，我終於領悟，儘管我外表常常看起來很勇敢，但內在卻飽受束縛。我害怕別人不喜歡我。我也恐懼一旦拒絕別人，別人就會排擠我。我做的每一件事、每一個念頭、每一句話，甚至是我吃的每一口食物，都跟如影隨形的恐懼有關——而我任由它阻礙我認識真正的自己。

費爾醫生（Dr. Phil）常說，你無法改變你不願承認的事實。在我挑戰內心的恐懼，開始改變對自己的認知之前，我必須承認：是的，我一直恐懼不安——而我的恐懼是一種奴役的形式。尼爾．唐納．沃許[1]說過另一句名言：「只要你仍擔心別人對你的看法，別人就會一直是你的主人。唯有當你再也不需要從外在獲得認可，你才能成為自己的主人。」

我可以確定的是，當你鼓起勇氣投自己一票，敢於挺身而出，大聲說話，改變自己，或甚至只是跳脫他人制定的規範，其後果未必都會讓你開心。甚至，你可以想像得到，前方會有阻礙絆倒你，別人可能會說你腦子燒壞了。在那個當下，你可能會覺得整個世界都起而對抗你——你不可能成為那樣的人，你做的事不可能成功（當別人一直以來都對你有特定的期待，而你一舉超越他們的認定時，他們肯定大大的不悅）。在這種脆弱的時刻，你的恐懼和自我懷疑可能會讓你動搖，你可能感到筋疲力竭，想要放棄。但是，另一條路更糟：你會發現自己陷入一成不變的窠臼中，一連數年。或者，你會長時間陷入後悔的煎熬，老是想著，要是當初我沒那麼在乎別人的看法，如今我的人生會是什麼樣子？

又或者，要是你現在就決定不再讓恐懼阻礙你，你的人生又會如何？要是你學著與恐懼共處，乘著恐懼的浪頭，抵達你從未想像過的高峰呢？你可能會跳脫大家對你的期望，終於關注自己內心真正的需要，體驗前所未有的喜悅。而且，最終你將明白，除了對自己之外，你不需要對任何人證明什麼。這才是無懼地活著，持續追求最佳人生的真正定義。

1 Neale Donald Walsch（1943-），美國作家，著有暢銷書《與神對話》（*Conversations with God*）系列。

獲得生命最豐富的回報，展開最偉大的探險。

衡量你是否有勇氣的真正標準，不在於你是否達到目標，而是不論跌倒多少次，你都決定重新站起來。我知道這不容易，但我同樣確知的是，若你有勇氣站起來，追求最瘋狂的夢想，你將獲得生命最豐富的回報，展開最偉大的探險。而什麼才叫真正的瘋狂？馬上行動，不論你在哪裡，你只有一條路可選——離開這裡，邁向全新的開始。

充實我們的生命，為這個世界貢獻最好的自己。

我人生中的關鍵性時刻之一，發生在小學三年級的時候——那天我交的讀書報告獲得老師讚賞，引起同學竊竊私語：「她一定以為她很聰明！」從那之後的許多年，我最害怕的就是別人誤以為我很傲慢。甚至在某種程度上，我的體重是對整個世界的道歉——我用這種方式告訴大家：「瞧瞧我！我真的不覺得我哪裡比你好。」而且我最不想看到的就是，我的言行舉止讓我看起來過於自滿。

打從還是小女孩開始，我們大多數人就被教導面對讚美時要謙虛，把功勞歸給別人。我們為自己的成就道歉，收斂自己的鋒芒，只為了能夠和家人、朋友立於同樣的水準。我們渴望開車，卻總是屈就於乘客座。這就是為什麼絕大多數人成年後，一直甘心隱藏自己的光芒。我們並未以熱情與意義充實生命，為這個世界貢獻最好的自己；反而掏空自己，徒留軀殼，致力讓自己放棄批判思考。

然而，真相是，那些跟你唱反調的人，永遠不會滿足。不論你是韜光養晦，還是鋒芒畢露，他們都會大感威脅，因為他們內心深處不相信自己有足夠的能力。所以，不要再把注意力放在他們身上了。每當你壓抑部分的自己，或者任由別人小看你，你就等於無視造物主賜給你的生命使用手冊。我確實知道的是，造物主創造你，並非要你生來卑屈，讓自己的存在變得愈來愈渺小；而是要你綻放光采，活出更壯闊的生命。讓自己再耀眼一點吧！讓自己更加不凡吧！把每一分每一秒都用來充實自己的生命吧！

最真實的意圖往往隱藏在陰影下

一九八九年，我閱讀蓋瑞・祖卡夫（Gary Zukav）的著作《新靈魂觀》（*The Seat of the Soul*），其中有一段這麼寫：

每一個行動、念頭和感覺都受到意圖所驅使，而在因果關係中，意圖屬於「因」。我們一旦種下「因」，就不可能不去承受「果」。上天以這種深奧的方式，讓我們得以對自己所有的行為、念頭和感覺負責；也就是說，我們必須為自己所有的意圖負責……因此，我們必須覺察到貫穿經驗背後的許多意圖，歸納出哪種意圖會導致什麼樣的後果，並根據我們想要得到的後果，慎選意圖。這才是明智之舉。

這段文字改變了我的一生。長久以來，我都知道要對自己的生命負責，也明白每一個選擇都會導致一種後果。但是，後果往往都大出我意料之外。那是因為我的期待與意圖不一致。比方說，我的意圖總是努力討好別人，這當然就會導致我不想要的後果：我常覺得自己讓人占了便宜，受到利用；而人們還想從我這裡得到更多，一而再、再而三地索求。

然而，意圖–因果法則讓我明白了，問題不在別人，而是我。於是，我決定不論做什麼，都要出於真實的我；而且，要在讓自己快樂的前提下，為別人付出。

我確實知道的是，不論你現在面臨什麼樣的處境，都是你自己創造的，你是這段創造歷程裡的關鍵人物。你以所有經驗創造自己的人生，一個念頭接著一個念頭，一個抉擇接著一個抉擇，形塑了你的一生。而在每一個念頭與抉擇之下，蘊藏著你最深的意圖。這也是為什麼在我做任何決定之前，一定會先問自己一個關鍵問題：我真正的意圖是什麼？

自從讀了《新靈魂觀》這段文字之後，我一再地經歷並領會這個問題會帶給我多大的指引力量。反之亦然。當你不好好檢視自己的意圖，下場往往就是事情進展不順。這麼多年來，我目睹了多少對夫妻，明明該分手卻不肯離婚，只因為他們的意圖是「繼續保持已婚狀態就好」，而非「擁有完整的感情關係」。最終，在他們的關係裡，沒有人在乎親密感、成長或攜手開創情感堅定的人生。

如果你感覺到此刻自己停滯不前，而又想要往前邁進的話，第一步就是檢視你過去行事的動機。務必仔細地檢視——我發現，最真實的意圖往往隱藏在陰影下。好好捫心自問：我的意圖是如何創造此刻的經驗？如果我改變意圖，會創造出什麼樣的新局面？當你所做的抉擇彰顯了真實的你，你將獲得生命為你準備的機會，讓你發揮最大的潛能。

如果你受雇從事你熱愛的工作，那麼你收到的每一分錢都是額外的好處。

我跟金錢之間一直維持著相當良好的關係，即使是早年沒多少錢可讓我建立關係的時候。我從來就不擔心沒有錢，也從不執迷於我所擁有的一切。就像大多數人一樣，我記得每一筆收入的由來。我假定我們都記得，因為收入定義了我們提供的服務有何價值——然而，不幸的是，有些人是用收入來定義自己的價值。

我第一次領悟到我的收入不等於我，是在十五歲的時候。那陣子，我去當時薪五十分錢的保母，幫忙艾許貝利太太照顧吵鬧不休的小孩，並在她每次盛裝打扮，幾乎把所有衣服都拿出來試穿之後，幫她整理凌亂的衣櫃。她的臥房看起來像極了梅西百貨接近打烊時的最後一次大拍賣，鞋子、閃亮的項鍊和美麗的洋裝散落各處。就在她輕快地飛奔出家門之前（沒留下任何訊息說她會去哪裡，或要怎麼聯絡她），她會說：「喔，對了，親愛的，妳介意把東西收拾乾淨嗎？」呃，我介意，我當然介意，而且我第一次「整理」的時候，可是花了好大一番工夫。原本以為等她看到我不只整理了她的房間，連孩子的房間都整理好，她會多付我一點錢，結果她並沒有這麼做。於是，我換了一份會付我更多錢的工作——在那裡，我以為我的努力會受到認可。

離我父親家不遠的地方有間廉價商店，我受雇在那裡工作，時薪一塊半。我負責商品上架，維持整齊，摺好襪子。可是，老闆不准我操作收銀臺，也不可以跟顧客講話。我對此點深感厭惡。待在那裡還不到兩個小時，我就發現自己數著時間等吃飯，然後是等下班。即使才十五歲，我的內心深處都知道這樣沒辦法好好生活，更不可能賺到錢。當時的我感到前所未有的無聊。於是，三天後我就辭職了，回到我父親的店裡幫忙——但不支薪。我也不喜歡在父親店裡工作，但至少我可以跟人們講話，不會覺得我的靈魂隨著時間一點一滴耗盡。儘管如此，我十分清楚，不論父親多希望我留在店裡，那間店都不會成為我未來生活的一部分。

等到十七歲的時候，我進了廣播電臺工作，週薪一百美金。就在那時，我跟金錢和解了。我決定不論日後從事什麼樣的工作，都要像第一次進廣播電臺工作一樣——我如此熱愛這份工作，愛到即使不付我錢，我也會每天快樂地準時上班。當時，我第一次意識到如今我確實知道的事，如果你受雇從事你熱愛的工作，那麼你收到的每一分錢都是額外的好處。請給你自己一輩子這樣的好處吧！追求你的熱情，發掘你熱愛的事，然後好好去做！

你愈是從外在感受到壓力與混亂，就愈需要回歸內在平靜。

我從來就不是那種會去泛舟、高空彈跳的女孩——那不是我對冒險的定義。我確實知道的是，我們生命中最重要的探險，不一定是攀登最高峰或徒步環遊世界。這世上最刺激的事情，就是過你夢想的生活。

或許你就像我多年來訪談過的女性一樣，為了攬下每件事、照顧除了自己以外的所有人，而放棄了內心最深刻的渴望。你忽略了那小小的推力——通常那股力量是以空虛或煩躁不安的形式對著你低語，最終促使你去做你心知自己該做的事。我也知道要找藉口有多容易，好比你的另一半和孩子需要你；那份讓你痛苦的工作，需要你投入大部分的時間。但是，如果你辛勤工作，卻得不到成就感、滿足與快樂，會發生什麼事呢？你會心神耗盡，生命力被奪走，最終的下場就是變成一個筋疲力竭、消沉又憤怒的人。

你其實不必在那條路上多浪費一天。你可以重新開始，第一步就是往內看。那代表不再分心，而是全心關注你曾忽略的所有跡象。我從過去吸取的教訓是，當你愈是從外在感受到壓力與混亂，就愈需要回歸內在平靜。唯有如此，你才能與你的靈性連結，讓靈性指引你方向。

機會來臨時，就冒險一試吧。

許多年前，在巴爾的摩，做為一個WJZ電視臺的年輕新聞記者，我的工作人人稱羨。當時，我受派前往洛杉磯採訪一些電視明星。

一開始，我興奮得顫抖。這次的任務由我獨立作業，少了平常一起合作的共同主播協助，可是證明我採訪功力的絕佳機會！而且，還可以在我的工作經驗中加上幾筆名人的認可。可是，當我抵達加州時，卻感覺自己就像一尾小魚掉進好萊塢的大魚缸。我開始自我懷疑：我算哪棵蔥？竟然以為只要走進他們的世界，他們就會和我談話？當時受邀的記者來自全國各地，有一大群像我一樣的地方新聞播報員、娛樂及生活線的記者，每個人都只分配到五分鐘，採訪一位即將有新片上演的電視演員。這時我開始緊張了，渾身不自在，一副笨拙蠢樣。我覺得自己根本就沒資格和那些來自大城市、經驗比我豐富的播報員站在一起。

雪上加霜的是，當時普莉希拉．普里斯萊（Priscilla Presley）正為了宣傳新戲而來到現場接受採訪。當她的經紀人告訴我，我是第十一位採訪她的記者，並說：「妳什麼問題都可以問，唯獨就是別提到艾維斯[2]，否則她會立刻轉身不理妳。」所以，那一刻，在這個由明星及經紀人組成的新世界裡，我不只倍感威脅，還覺得自己嚴重受限。

我十九歲就當上電視播報員，在許多艱難的情況下採訪過上百個人，我很自豪我擁有擅長打破隔閡，建立關係的本事。但我不習慣採訪真正的「明星」。我覺得他們相當神祕，而且成名不只讓他們與眾不同，還讓他們看來比我們一般人更優秀。所以，此時真是碰上難關了，我拚命絞盡腦汁，思考我要如何在五分鐘內，摘掉他們的神祕面紗，問一些最真實的禁忌問題？

不知為何——你可能會說是巧合，我則稱之為「神的恩典」——我竟從排隊採訪普莉希拉．普里斯萊的隊伍，被換到一位年輕喜劇演員的採訪隊伍裡，他主演的新戲「莫克與明迪」（Mork & Mindy）即將上檔。隨後，我經歷了採訪生涯中最興奮、瘋狂又非比尋常的五分鐘，我第一次遇到這樣的名人（不光是名人圈，我甚至可說是第一次遇到這樣的人）。他完全不受約束，想法天馬行空，卻又隨時可以化為自由落體，回到現實。

我完全不記得自己到底說了什麼，只知道我其實插不上話。他精力充沛，能量源源不絕。我記得當時心想，不論這傢伙是誰，他將來肯定會成為大人物。他毫不畏懼，充分展現各個面向的自己。我跟羅賓·威廉斯（Robin Williams）玩得非常愉快，當下我隨即明白，只要跟著訪談的感覺，繼續聊下去就好。他丟出的話題包羅萬象，而我只要順著走就好。

於是，當我回去採訪普莉希拉·普里斯萊時，我已經確實學到，如果你自我設限，就不可能得到有價值的成果。

於是，我問了關於艾維斯的事。而普莉希拉並沒有走開。事實上，她很感謝我提出來，並且樂於回答這個問題。

---

2 Elvis Presley（1935-1977），即貓王，他與普莉希拉於一九六七年結婚，一九七三年仳離。

就算你沒從生命中學到任何事，至少要知道這一點：機會來臨時，就冒險一試吧。

我是要追求注定屬於我的人生，還是要讓現在的生活扼殺我的生命？

我一生中犯下最大的錯，都源於把自己的力量拱手讓給別人——相信別人必須給我的愛，比我必須給自己的愛還要重要。我二十九歲時，陷在一段立基於謊言與欺騙的關係裡，至今我仍記憶猶新。我追著當時的男友跪下哭求，一次又一次把自己貶低到卑微的程度。他放我鴿子，我等他等了一整晚，結果他過了約會時間好幾個小時才現身，而我居然還問他怎麼了。我記得他站在門口，對我丟下一句話：「小寶貝，妳最大的問題就是以為自己很特別！」他一說完，轉身當著我的面甩門就走。

在我成長過程中，一路看著表姊愛麗絲遭到男友施暴，我曾對自己發誓將來絕對不要接受同樣的對待。可是，在那個男友離開後，我坐在浴室地板上，突然清楚意識到，我和愛麗絲之間的差別，只在於我沒挨揍而已。但，那個人說錯了，我不覺得自己很特別——而這才是問題所在。為什麼我要任由別人那樣對待我？

即使當時我已經有所領悟，我還是又拖了一年才結束這段關係。我一直抱持希望，祈求他會改變，期望一切會好轉。但最終他還是沒有改變。於是，我開始祈求力量，讓我有勇氣結束這段關係。我祈求，然後等著事態好轉。等待，再等待。在這段期間裡，我一直重複相同的舊模式。

直到有一天，我突然懂了。我等待上帝的同時，上帝也在等待我。祂在等我做出決定：我是要追求注定屬於我的人生，還是要讓現在的生活扼殺我的生命？而我終於覺知真相：單是此刻我的存在，就已經很好了。無須仰賴他人，我自己就綽綽有餘了。

這番啟發帶來一個奇蹟。那段期間，我內心一直有個聲音呼喚我前往芝加哥參加一個節目的面試。要是我當時繼續陷在那段關係裡動彈不得，後來我所有的人生經歷就根本不會發生。

你人生的真相是什麼？你有責任去找出答案。

為了找出答案，你得明白人生的真相就是感覺對了、感到美好，且置身於愛裡（從二十九歲至今，這麼多年下來，我學到愛不會傷人。愛的感覺真的很美好）還有，人生的真相是，你可以真誠地度過每一天。

你的一言一行都在告訴這個世界你是誰——就讓這成為你的真相吧！

勇敢做夢，努力圓夢。

我絕對忘不了下定決心要永遠選擇挺自己的那一瞬間。我還記得當時我身上穿的是什麼（高領毛衣和寬鬆的黑色長褲），我人在哪裡（主管的辦公室），當時坐的椅子的外觀及坐起來的感覺（棕色渦旋紋花樣，坐起來太深了，椅墊又厚又軟）——當時，我的主管，也就是我工作的巴爾的摩電視臺總經理，正對我說：「妳在芝加哥不可能成功。妳現在踏進的是地雷區，而妳甚至看不見地雷在哪裡。妳這是讓妳的事業自絕生路。」

他用盡一切手段，想利誘我留下來——更多錢、公司配車、新公寓，最後還恐嚇我：「妳一定會失敗。」

當時我不知道他說得對不對，也沒有成功的自信。但是，不知怎地，起身離開之前，我鼓足勇氣對他說：「你說得對，或許我不會成功，或許我正踏進地雷區。但如果這些都沒要了我的命，至少我會持續成長。」

那一瞬間，我選擇了快樂。而後，快樂每一天都陪在我身邊，因為我下定決心不再恐懼，往前邁進。

留在巴爾的摩，對我是安全的選擇。但是，坐在主管辦公室的那時，我心裡非常清楚，如果我讓他說服我，那將會一輩子影響我對自己的感覺。我會老是想，要是我走了，未來會如何？就那麼一個抉擇，改變了我人生的軌道。

如今，我活得興高采烈、心滿意足（我把這定義為快樂），對於我承諾的一切充滿熱情：我的工作、我的夥伴、我的家、我的感謝——我呼吸著自由與平靜的空氣，每一口氣息都讓我深深感恩。而讓這一切更加甜美的是，我確實知道創造這份快樂的是我。這一切是出於我的選擇。

唯有當你把過程視為目標，夢想的生活才會隨之而來。

時間轉瞬即逝。如果你有孩子，就更容易感覺到時光飛逝——因為你的孩子會不停地成長，模樣愈大愈不同，卻也愈長愈像他們自己。我們每個人的目標都是持續成長，從舊的自己蛻變進化成最好的自己。

甚至當我還是個青少年的時候，我就一直感覺到，在內心深處的某個地方，蘊藏著某種更偉大的東西——那跟追求名利無關，而是一種持續追尋的歷程，希望自己變得更好，在每個階段挑戰自我，追求卓越。

我確實知道的是，唯有當你把過程視為目標，夢想的生活才會隨之而來。這不代表你所經歷的過程一定會引領你邁向富裕或成名——事實上，你的夢想或許跟具體的成功毫不相干，而是關乎如何開創充滿喜悅、毫無遺憾、問心無愧的人生。我學到的教訓是，財富的確是很好的工具，可以給你更多選擇，但錢財無法彌補你未曾好好活過的人生，鐵定也無法為你創造內在的平靜。「活著」的重點就在於，成為你注定要成為的那個人，一次又一次從舊的你蛻變進化成真實的你。

我相信你做得到，只要你停下腳步，等候得夠久，直到終於聽見原先被其他聲音蓋過的耳語——那微弱的聲音一直催促你面對內心的召喚。接下來會發生什麼事？

你會面臨最大的挑戰，但不要管別人怎麼說、怎麼想，鼓起勇氣，追尋你的夢想。在這世上，你是唯一能看見自己未來願景的人——即使你無法窺得全貌。真相是，你再怎麼竭盡所能地在人生裡計畫、夢想、努力打拚，都必須謹記一點：你永遠都是順著宇宙之流與能量而行。

帶著你所有的力量與熱忱，朝著目標前進，然後放下，把你的計畫交給全能的力量，那股力量遠遠大於你的力量，能夠讓你的夢想展現最大的可能性，一如祂自己的傑作。勇敢做夢——能多大就多大；努力圓夢——能多努力就多努力。然後，在你做了所有能做的事之後，把一切交託給全能的力量。

敬畏

「問題」(question)這個詞，蘊含了一個美麗的字——追尋(quest)。我愛極了這個字。

——埃利·維瑟爾(Elie Wiesel)
作家，諾貝爾和平獎得主，納粹集中營倖存者

那一刻，天堂降臨人間。

我已經不再列新年願望清單了，不過，我會在每年的一月好好思考接下來如何繼續前進。

有一年的新年早晨，我坐在夏威夷家中的前廊，眺望大海，靜心冥想。我祈禱自己能更加堅定地保有全然的覺知，期盼所有的人生際遇都能領我更貼近生命最深刻的本質。

在暮色降臨之前，我的祈禱便已得到回應，我感受到與內在深處的靈性全然地交會，過去我不曾有過如此深切的體驗。

當時，我正和朋友鮑伯．格林在山上健行。日落時分，太陽漸漸隱沒，留下一道道淡紫霞光布滿天空。雲朵漸漸從山上往下聚攏，在大海上方飄散開來，只留下一道小細縫，新月若隱若現。雲霧籠罩著我們，只有一小方天空漸開，灑落一絲皎潔月光。

「快看！」鮑伯說，「那真像『夢工場』[1]的標誌。就好像我爬到山頂，拿根釣竿坐在那裡。」

那瞬間彷彿一場夢。

當我們繼續健行，鮑伯轉向我，說：「等一下。」

我停住腳步。

「妳聽到了嗎？」他輕聲說道。

我聽到了，那聲音令我屏息。那是寂靜的聲音。大地一片全然的岑寂，靜到我彷彿聽見自己的心跳。我試著屏住氣息，因為光是呼吸就會發出雜音，破壞這片和諧。當下完全沒有任何動靜，沒有一絲微風，甚至感覺不到空氣流動，就只有空無與萬物的聲音。那感覺就像所有的生命……還有死亡……蘊含了超越當下時空的一切，而我不只是站在那裡，我屬於其中的

1 DreamWorks SKG，美國前十大電影公司，其LOGO是一個拿著釣竿的小孩坐在彎月上。

一部分。這是我經歷過最平靜、和諧一致、通達世事的片刻。在那一刻，天堂降臨人間。

我們在那裡駐足良久，屏氣凝神，心存敬畏。突然間，我領悟到這就是我今天稍早祈求的啊！這正應了《聖經》的話：「凡祈求的，就得著；尋找的，就尋見。」那一瞬間正是「生命最深刻的本質」。而我確實知道的是，我們隨時都可以經歷那一瞬間的體驗，只要你願意蛻去過往生命的層層枷鎖——那些激動、那些噪音——寂靜正在等著你。

寂靜就是你。

這是我稱為「榮耀，榮耀，哈利路亞」的時刻。我想要永遠保有這一刻，而我確實做到了。有時是我正在開會中，有時是人們在門外等著見我，而我只要深吸一口氣，就把自己帶回那段路、那些雲霧、那片月光下……置身在寂靜裡，心平氣和。

敞開心胸，看見奇蹟。

我常常對很多事沒把握，但我絕對相信奇蹟。對我來說，奇蹟是眼裡帶著光去看世界，心裡明白即使看不到，但希望與可能性永遠存在。很多人如此靠近奇蹟，幾乎近在眼前，卻將奇蹟貼上「巧合」的標籤。但我看見的就是奇蹟，名符其實。對我來說，相信奇蹟就是深信有股比我們還強大的力量在運作。我相信奇蹟並非偶然出現，而是每一天都在發生，只要我們願意敞開心胸，看見奇蹟。

在我的生命經驗裡，奇蹟通常出現在最簡單的事上。比方說：在五十分鐘內跑完八公里；在長跑後感到筋疲力竭，非常想要來碗紅椒番茄湯的時候，就在廚房裡看到我的教母伊太太為我留在爐上的湯。奇蹟是，日落時，觀賞滿天霞光，其顏色之美有如過濾後的桃子泥，然後當我傍晚散完步，天色又轉變成覆盆子的顏色。奇蹟是，早餐有一碟擺盤漂亮的石榴、奇異果與芒果。奇蹟是，我從花園剪下、放在臥室裡欣賞的粉紅色牡丹。奇蹟是，一臺休旅車暫停路邊，有位年輕女士探出窗口，大喊：「妳是電視上最棒的老師！」而她自己其實就是一位幼稚園老師。奇蹟是，鳥鳴，以及牠們各自獨特的歌聲，還有更讓我深感好奇的是——牠們究竟是唱歌給彼此聽，還是給自己聽，或單純只是想讓人聽到？

奇蹟是，有機會和我所有的小狗一起在草地翻滾，享受即將展開的一整段週日時光，沒有待盡的義務、待做的計畫、待去的地方。奇蹟是，一整個禮拜都不停地向前衝刺之後，終於有機會回歸自己，享受獨處的片刻，在小木屋的門廊上靜心冥想，聽樹葉如流水沙沙作響，看鵝媽媽在池裡教初生小鵝游泳，感受生命的光彩帶來的喜悅——而且還是以身為一個自由自在的女性來享受這一切。因此，即便我無法真的確知什麼，至少我明白人們等待的最大奇蹟就在眼前，每一時刻、每一次呼吸，都是奇蹟，只要打開眼、敞開心，你就會看見這個奇蹟。

有一種富足，與金錢無關。

變老是所有發生在我身上的事當中，最大的好事。

瑪莉安・威廉森（Marianne Williamson）的《愛的祈禱課程》（*Illuminata*）裡有一段感恩晨禱詞，我把這段禱詞貼在浴室牆上，這段文字讓我如大夢初醒。後來不論我年紀多大，我想到的都是那些活不到這個歲數的人，想到那些人還沒領會世間生命的美好與壯麗，就蒙主恩召。

我確實知道的是，在尋常的每日生活裡，都有看見世上美好奇蹟的可能。我年紀愈大，就愈難忍受短視近利的膚淺追求。在這世上，有一種富足，與金錢無關，而是源自關注自己生命而得到的智慧與眼界，並且藉此去學習關於世上的一切。而我確實知道的是，學習有成的喜悅就是最大的報酬。

約翰．迪亞茲的故事

這麼多年來，我聽過許多令人驚奇的故事，幾乎涵蓋了每一種人生處境：衝突、挫敗、勝利、東山再起。但很少像約翰．迪亞茲（John Diaz）的故事這樣，讓我肅然起敬。

二〇〇〇年十月，新加坡航空〇〇六班機起飛時發生爆炸，當時約翰正在飛機上。總共八十三人在熊熊大火中罹難，約翰和其他九十五人倖存。形容自己耿直坦率、好強又務實的約翰，至今身體仍飽受當時創傷之苦。然而，比起經歷那場爆炸之前的他，如今的他變得更有生命力。

當時，飛機起飛的時間正好遇上颱風。登機前，內心有股直覺告訴約翰不要登機。他見外頭強風豪雨，於是打了好幾通電話給航空公司問：「你確定這班飛機會起飛嗎？」當飛機在跑道上滑行時，他往窗外看去，只見一片滂沱大雨。他坐在機艙非常前段的座位，剛好目睹機鼻往上拉高。

但是，這班波音七四七客機卻忽然翻覆下墜，栽在跑道上。

一開始，他感受到一陣小小的撞擊（飛機撞上了混凝土護欄），緊接著突然一陣劇烈撞擊襲來，位置就在他旁邊，似乎某個東西（挖土機）把靠近他座位的機身劃開一個大洞。他的座位螺拴鬆脫，整個往機側橫拋出去。他感覺得到飛機正在翻滾，遽降至跑道。然後，一切就結束了。他如此描述這段歷程：

接著就是爆炸……一團大火球突然席捲而來，越過我上方，一路直衝機鼻，隨後瞬間往後回捲，簡直就跟電影演的一樣。然後是飛機燃料到處噴灑，有如汽油彈一般——不論濺到誰，都立刻起火燃燒，彷彿點燃的火炬。突然之間，有位男士，看起來是亞洲人，狂奔到我面前，渾身是火。我能清楚看見他的五官，他一臉困惑的表情——像是不知道自己正慘遭火吻，即將死去。我突然意識到自己多半也跟他一樣。在那一瞬間，我真的覺得自己快要死了。

我問約翰，當時他是否相信會有股神聖的力量介入，拯救他的生命。他說，他不相信。他說，救他脫困的是他在機上的座位位置，以及迅速思考應變：為了保護自己免受火焰與濃煙傷害，他用皮革製的袋子蓋住頭（當初登機時大家還勸他別帶那個袋子上飛機），接著到處尋找出口，保持移動。他接下來的分享，直到今日我都念念不忘。約翰說：

（機艙內）看起來就像但丁的《煉獄》，而其中還有好多人被安全帶困在座位上，身旁到處都是火……我彷彿看到生命靈光正遠離他們的身體，有些人的靈光比別人耀眼。我想，靈光是耀眼奪目或黯淡無光，顯示了一個人是如何度過一生。

約翰自從親眼目睹那股能量的光（他只能稱之為「靈光」）離開身體，

漂浮在火焰上方，他整個人都變了，變得對人更有同理心。雖然他依然不會用奇蹟來形容那次死裡逃生的經驗，但他確實說：「我想要好好活出我的生命，等到我的靈光離開世上那日，我希望能綻放燦爛光芒。」

我確實知道的是，能夠在這個美麗的星球活下來，是多麼令人敬畏的禮物，而我希望自己在這裡的時光能盡可能地綻放耀眼光彩。

從容自在地好好呼吸

我確實知道的是，除卻靈性的成分，生命就少了真正的意義。

對我而言，靈性就是我們身而為人的本質。無須任何特定信仰來定義，靈性就是很單純的存在。而我們回歸本質的關鍵，也在於單純地覺知當下。靈性能夠轉化，能重新定義活著的意義。

靈性既平凡，也不凡，一如賦予你全然的力量，全心全意關注另一個人，不會老想著你還需要做這做那；又或者予你力量為某人做件好事；或以全然寧靜的片刻展開一天；甚或一早醒來，好好聞一聞真正的咖啡香，透過感官「品味」咖啡香氣，讓每一口都帶來純粹的喜悅，而當喜悅消退，就放下。

我確實知道的是，讓生命之光進來，一次只專注於一口呼吸。從容自在地好好呼吸。

所有的經歷都是來教導你更加認識自己

我的一生就是奇蹟，你的也是，這是我確實知道的事。

也許你是備受期待而誕生，或是意外出生（就像人們多年來在我身上貼的標籤），不論你是如何來到這個世上，能夠在此時此地，閱讀這些文字，都是非常棒的事。

雖然我說這話時，並不清楚你的人生經歷過什麼事。但我確實知道每個人都背負著自己的故事，其中有希望與悲傷，成功與失落，救贖、喜悅與光明。

每個人都有屬於自己的生命課題，能夠從中學到多少，取決在你。

當你選擇將這個世界視為一間教室，你就會明白所有的經歷都是來教導你更加認識自己，而你的人生旅程是為了盡可能成為真正的你。除此之外，還有一個奇蹟是：我們每個人都在旅程中互相分享。

最艱難的經歷通常是教導我們最多的經歷。每當困境阻礙我前進，我都會試著問自己：「這個困境究竟跟什麼有關？我應該從中學到什麼？」唯有覺知真正的課題是什麼，我才能做出最好的抉擇，並從經驗中成長。

過去這些年來，我經歷了那麼多事，如今我最感到自豪的是，我依舊對自我成長保持開放。我明白現實中所有的遭遇，背後都蘊含著形而上的意義。我願意敞開心胸，覺知這一切。

不僅僅是欣賞詩，自己更成為詩。

我很幸運幾年前有機會在斐濟待上一陣子，那段期間，我愛上觀賞海浪輕輕拍擊岸邊岩石。

我認為每個人都如同水上漣漪，置身於人生的汪洋大海上。我們以為自己與眾不同，但實際不然。我們任由社會習俗纏裹自己，套上一件件理想抱負、掙扎與成功、犧牲與失敗的外衣——很快地，我們遺忘了真正的自己。

有一天早晨，當我坐看浪潮來去時，傳了封e-mail給我的詩人朋友馬克・尼波（Mark Nepo）。為了活出更有意識的生命，他在著作《每一天的覺醒：三六五篇日常生活的冥想與頓悟》（*The Book of Awakening*）中寫下一整年的每日課題。那天，馬克給我的回信如下：

你問我關於詩的問題

妳從如此遙遠的島嶼提問
那裡尚未受到人為破壞。安靜地散步
直到奇蹟透過萬物發聲
這就是詩。妳想尋求詩意
而那就存在於妳的靈魂與日常生活裡，正如同妳
在海邊尋覓石頭般。在那六
千公里遠之地，當太陽化為
冰雪上的糖霜，我微笑。只為在這一瞬間，
妳即是詩。經過多年的尋覓，
我只能說，尋找
受到內心磨損的小事
就是詩的藝術。而聆聽

這些小事訴說的訊息，便能成詩。

我從不曾以那樣的角度想過詩。但坐在一座島嶼的岸邊，我感覺得到馬克信中的其他話同樣正確：

對我來說，詩是靈魂意料之外的發聲。詩是靈魂觸動每一天之所在。詩與文字關係不大，卻與喚醒活著的感受有絕大關係（我們生來便具有這種活著的感受）。當我們安靜地散步，直到奇蹟透過萬物發聲，這就是詩，不論我們有沒有寫下來。我承認我的出發點是想寫出最好的詩句，但唯有經歷生活的磨損，才會想要發掘真正的詩。如今來到人生的下半場，我想要讓自己成為詩，為此我虛心以對，興奮不已。

這當然是值得擁有的理想抱負：不僅僅是欣賞詩，自己更成為詩。

生命是舞者，而你是舞步。

對我來說，靈性就是能夠領會我和宇宙萬物的能量連結，我是其中的一部分，而它也永遠是我的一部分。不論我們用什麼標籤或字眼來稱呼「它」，都不重要。

事實上，任何字句都不足以完整且精確地形容它。靈性也不等同於宗教，你無須宗教背景，就可以富有靈性。反之亦然，你可以非常篤信宗教，卻毫無靈性，只是謹守教義。

靈性並非某個我信仰的對象。靈性即我的本質，以及我的真實身分。一旦對此有所領悟，人生將大幅轉變——靈性讓我免於恐懼地活著，並在現實世界中活出我誕生的目的。而且我敢大膽地說，我確實知道，當你領悟到你的存在超越你的身體與心智，這就是你對生命最偉大的發現。

這些年來，我閱讀了上百本書籍，以提升我的靈性層次。其中艾克哈特・托勒（Eckhart Tolle）所著的《一個新世界》（*A New Earth*），尤其引起我相當深刻的共鳴，我從此改變了對自己的認知與看待一切事物的觀點。這本書本質上是關於當你覺知到你不等於你的思緒，也不等於你的所見所聞時，原本由小我心智所主導的人生，將會發生轉變。

允許真正的你——亦即你的靈性自我——主導你的人生，意味著你停止抗拒，學會順應你的生命之流。正如《一個新世界》書中所言：

> 有幾個字可以表達生活藝術的祕密，也是所有成功與快樂的祕密：與生命合一。與生命合一就是與當下合一。然後你就會明白，其實不是你在活出生命，而是生命經由你活出來。生命是舞者，而你是舞步。
>
> 成為那舞步的喜悅與生命力，是無與倫比的，超越你所能想像的一切

快樂。我如今學到，我們唯一需要做的，就是全心全意地體驗生命的靈性本質。正如艾克哈特・托勒在接受我訪問時所說的，這是你每一天都必須做的決定：活在世間，但不屬於它。[1]

把每一個新年看成是豐盛美好的應許

你還記得二〇一二年的網路謠言嗎？若你不熟悉這個世界轉化的預言（部分是基於馬雅曆法的週期），簡單說就是有些人預言人類文明的大崩解，同時也有些人預見將發生靈性的轉化。

當然，沒有人可以預測未來，但我確實知道，意圖是有力量的。而我的意圖是，把每一個新年都看成是豐盛美好的應許。對我來說，沒有所謂世界末日，我只希望做好份內之事，為我的內在、為這個世界帶來轉變，讓我們得以活得更真實、更懂得愛、更遵從直覺、更有創意、更密切合作。這就是我對「靈性演化」的看法，也是我對「靈性革命」的看法。

1 這段話為蘇菲諺語。

我選擇將二〇一二年視為黎明，破曉之後就進入和諧有序的嶄新年代，因為隨著和諧有序而來的正是開悟。當你與內心的渴望達成協調一致，當你與「你注定成為的樣子」及「你注定為我們這個宏偉秀麗的地球做出的貢獻」共時同步，你將感受到覺知的蛻變。你會開始注意到一些看似巧合的時刻，有些人稱為「機緣」（serendipity），但我喜歡稱之為「驚奇」（marvelisms）。因為當我為了讓自己的心智、身體與靈性保持完整，而做了注定要做的每件事之後，接下來發生的一切體驗如此水到渠成，讓我驚奇不已。那就好像保羅．科爾賀（Paulo Coelho）的小說《牧羊少年奇幻之旅》（*The Alchemist*）中的美麗臺詞在現實中成真了：「當你真心渴望某樣東西時，整個宇宙都會聯合起來幫助你完成。」

我的目標是，對於宇宙提供的一切，都保持開放。每一年，每一天。

我們不是擁有靈性體驗的人類，而是擁有人性體驗的靈魂。

我經常祈求上帝指引我，讓我看見自己的真貌。或許這要求聽起來很怪，但是，當我走過一生時，我希望自己不要失去洞見，看不到自己存在的真相。我最喜歡的人生名言之一，出自身兼哲學家的德日進神父（Pierre Teilhard de Chardin）口中，他說：「我們不是擁有靈性體驗的人類，而是擁有人性體驗的靈魂。」

我內心深處唯一的渴望，正是盡我所能，讓那樣的人性體驗具有深遠的意義，充滿詩意。

每一次呼吸都是生物的奇蹟，我們卻太容易視為理所當然。

來，和我一起呼吸一會兒。把你的手放在胃部上方，吸氣時感覺肚子鼓起來。然後呼氣時，讓肚子收縮，呼出裡面的空氣。這個循環平均每小時重複七百二十次，每天超過一萬七千次——你無須思考自然就會呼吸。

每一次呼吸都是生物的奇蹟，我們卻太容易視為理所當然。不過，偶爾當我內心夠平靜，便能覺察到每次呼吸帶來的奇蹟。每當那個瞬間出現，我心裡不禁浮現這樣的念頭：哇！無庸置疑，生命即是奇蹟，對此我肅然起敬。

剛修剪過的草地彷彿大地的地毯，赤腳走過時，不禁讚嘆：哇！感覺真好！

讓我驚嘆的另一絕是：每天傍晚日落時分，朋友和鄰居都會聚集在我家前廊，觀賞我們口中「地球上最偉大的一場秀」。在太陽西斜落入地平線之際，我們紛紛舉起相機拍照，比較每一道壯麗燈光秀的顏色變幻。

不久前，有一天大雨連下了四小時，傾盆大雨持續落下，然後突然間雨停了。哇！放眼望去，樹木、籬笆、天空……萬物彷彿都蒙上一層冷冽的光輝。

對我來說，大自然就是一連串的奇蹟，有時候不過是大自然最微小的獻禮，卻讓我的靈魂敞開，體驗到天地壯闊之美。我有個經營花店的朋友，擅長用各色各樣的花草，排列組合出令人驚豔的成果。有一年生日時，我收到一份珍貴的禮物：以兩片小小的葉子排出愛心，那至今仍是我最珍愛的禮物之一。我把這兩片葉子夾在我最愛的書艾克哈特．托勒的《一個新世界》書頁之間，每當我打開這本書，就會回想起生命可以多簡單、多美麗——只要我們選擇以那樣的角度去看待生命。

所有創新的表現、和平、光與愛，都源自於寧靜的內在空間。

追尋自我最完整的呈現——我的生命故事可以濃縮成這十個字，至少就此時此刻來說，這十個字足以道盡我個人對於「這一生所為何來」的定義。我把這句話當做自己的迷你版自傳，但寫下來的時候，我突然想到我的定義一直都在演化中，至今依然如此。我去年使用的詞彙，今年已經不再適用。因為如果我們真的全心全意致力於成長，就不會停止探索關於自我與自我呈現的全新面向。

幾年前，我前往愛荷華州費爾菲爾德市，那裡的總人口有九千五百人，正好座落在美國中西部農業地帶中間。你絕對想不到在這樣的小鎮裡，傍晚時竟會困在因數百人前往超覺靜坐會場而引起的塞車中，但那在費爾菲爾德市卻是常態。事實上，人們常稱這座小鎮為「超覺靜坐鎮」。鎮上有兩座黃金圓頂建築，分別供男性與女性靜坐。家庭主婦、商店店員、工程師、女服務生、律師、媽媽們、單身女士，還有我——我們全都聚集在自己所屬的圓頂建築下，追求唯一的目標：靜心。我們都明白所有創新的表現、和平、光與愛，都源自於寧靜的內在空間。

那是能量充沛卻平心靜氣的體驗，我一點都不想停止。

當體驗結束，我離開時，感覺自己比進來前更加完滿——我內心充滿了希望、滿足感與全然的喜悅，並且確知即使每天遭受來自四面八方的荒唐事件攻擊，仍然有永恆的寧靜存在。

唯有從那個寧靜的空間出發，你才能創造最好的成就與人生。

我試著開給自己身心健康的處方如下：一天至少一次靜心時間，最尖峰的時候是一天兩次，早上二十分鐘，傍晚二十分鐘。靜心改善我的睡眠，帶給我更深刻的專注力，提高生產力，點燃創意。

你不妨試試看，我相信你一旦試過，就會認同奧茲帝國的好女巫葛琳達所言不虛：「你生來就具有力量。」

你唯一要做的是靜下心來，重新找到自己的力量。當你做到的時候，你就踏上旅程，開始追尋最完滿的自我了。

讓力量顯現，讓狂喜迸發，容許你的心思開闊……

一直以來，我都視自己為求道者。我的意思是，我的心總是保持開放，願意體驗以各種形式呈現的神聖秩序，以及宇宙精緻而完美的運行之道。生命的奧祕讓我深深著迷。事實上，我的床頭櫃上一直擺著一本書，書名是《愛上神祕》（*In Love with the Mystery*），作者是安・莫特飛（Ann Mortifee）。整本書中收錄許多寧靜祥和的照片，以及容易閱讀的短句，提醒我們每個人都置身於不可思議的珍貴旅程中。

以下是我最愛的段落之一：

讓力量顯現，讓狂喜迸發，容許你的心思開闊，洋溢著仰慕之情，不僅是對這宏偉壯麗的宇宙，更是對孕育一切的愛、智慧與力量。此刻需要欣喜若狂——狂喜、敬畏，與恩典。

我在這些字裡行間得到慰藉與啟發。雖然我們擁有取之不盡、用之不竭的力量，但我們太常阻礙自己的力量，因為我們過於沉溺於「行動」，以致忽視了「存在」本身。

我常常在想，當賈伯斯說出臨終遺言：「噢，哇！噢，哇！噢，哇！」他看見了什麼？

我想知道，賈伯斯臨終前的洞察，跟幾年前有位媽媽在我的節目上分享的兒子遺言，是否相同？她的兒子二十六歲即患有癌症，嚥下最後一口氣前說：「喔，媽媽，這多麼簡單。」

我相信我們為自己的人生旅程增添了許多不必要的阻礙，遠超過旅程本身的難度。我們面對人生中不可避免的混亂與挫敗，拚命掙扎、抗拒——但事實上一切都如此簡單。首先是，己所不欲，勿施於人。還有，別忘了牛頓第三運動定律：每一作用力都會產生反作用力，大小相等，方向相反。你創造的能量一旦釋放到世上，就會在所有層面上產生相互作用[2]。

我們最主要的人生任務是與自己的能量調和一致，我們所有的活力均源自於此。此外，我們還要讓自己的頻率維持在愛的能量中。這些都是我確實知道的事。

當最主要的人生任務成為你的生命課題，一切奧祕將迎刃而解——或者至少，對你來說已經不再那麼深奧難解了——而你的人生中將有更多狂喜、敬畏與恩典。

---

2 reciprocate，亦即「互惠法則」，能量彷彿迴力鏢，你給出什麼，就會收回什麼。

我已經贏得成為自己的權利

隨著時間接近，我止不住內心平靜的喜悅。我告訴自己：「我快要六十歲了！」我不僅活得夠久，久到能夠說出這句話，還能慶祝這句話背後的意義，這讓我歡喜不已。

我正邁向六十歲，活力十足，身體健康，意志堅強。

我正邁向六十歲，而且不再需要介意任何人對我的看法了——我這麼說毫無冒犯之意。（你知道的，就是人們老愛問的：「我這樣做對嗎？」「我這樣說好嗎？」「我是否成為我應該成為的樣子？」）

我一跨入六十歲，就確知我已經贏得成為自己的權利。比起過去，我現在更安心自在地做自己。

我已來到了德瑞克．沃克特（Derek Walcott）在他美麗的詩〈愛中之愛〉

（Love After Love）所描述的時刻：

帶著愉悅的心情
你歡迎自己的歸來
就在自家門口，自己的鏡子裡
你與自己相視而笑，歡迎彼此

我在這世上持續展開的人生旅途，讓我深感敬畏。就我記憶所及（甚至更早以前，畢竟考慮到我這個人的存在源自一次橡樹下的狂歡結果），我的人生是由一連串的奇蹟形塑而成。我早年在密西西比基督教循道衛理公會教堂裡的說話經驗，包括浸禮的學習、呼喊主名、聖靈的充滿與內住等等，都在預備我日後得以站上臺說話的能力，儘管當時的我完全難以想像。

如今，我只希望分享一路走來的收穫。我想要竭盡所能，繼續鼓勵更多人，敞開他們的心，迎向人生。因為若我真的確實知道些什麼，那絕對是──敞開心胸為我帶來最大的成功與喜悅。

回顧過往，我最大的成就在於從不關上自己的心門。即使面臨最黑暗的時刻，經歷了性侵犯、十四歲懷孕、謊言與背叛，我始終對人忠誠，懷抱著希望，願意看見人們最好的一面，不管別人是否對我表現出最壞的一面。我依然相信，不論攀登的過程多艱難，總是有辦法透進銀白微光，照亮前方的道路。

我們終其一生都在發掘真相，探索自己是誰，並決定誰在我們的心中贏得一席之地。

我同時也確實知道的是，神幫助我們，不論你如何定義或稱呼他、她或祂。大自然的力量也幫助我們，提供我們豐富的生命。人類的視角狹隘，把原本充滿驚奇與壯麗的開闊視野，局限到只看見眼前日復一日的生活。然而，在平凡中卻始終蘊藏著不平凡。

有些日子裡，我會意識到生命的神聖崇高，每當這種時候，總讓我心懷感恩地臣服。我至今仍想不透一個來自密西西比的小女孩，成長於一個必須掩鼻在戶外廁所解決生理需求的環境，如今竟搭著她自己的飛機——我自己的飛機耶！——前往非洲，幫助和她有類似成長背景的女孩。這真是奇異恩典——何等甘甜啊！

我心懷謙卑，帶著最大的感謝與喜悅，邁入六十大關。我心下篤定，恩典帶我安抵此時此刻，未來也必定會引領我回家。

洞悉

先對自己說你將要成為什麼，然後才告訴自己必須做什麼。

——艾彼科蒂塔斯（Epictetus）

公元一世紀的希臘斯多噶學派哲學家

從今以後，我將忠於自我的意圖而行動。

我一直到四十歲才學會拒絕。早年我在電視臺工作時，人們總認為我是樂善好施的好人，這種印象常讓我疲於奔命。有些人會拿口袋裡僅有的錢搭公車來找我；孩子們會逃離家裡；受虐婦女會離開她們的丈夫，現身在攝影棚門口……他們全都希望得到我的幫助。在那段期間，我花了許多精力試著幫助一個女孩回到她的家庭，或者在電話中開導一個威脅要自殺的女孩。我發現自己開了一張又一張支票，連投入的時間也都超時了，我的心靈日益耗損。我太忙著滿足別人對我的要求了，以至於忘了我真心想給予別人什麼。我深陷在討好別人的毛病中，而且常不假思索就答應別人的要求。

我心裡十分清楚這毛病打哪兒來的。過去受過虐待，同時就意味著難以建立人際界線。一旦你的個人界線在孩童時期受到暴力侵犯，就很難重新鼓起勇氣阻止別人踐踏你。你害怕人們因為認清真正的你而拒絕你。那麼多年來，我窮盡前半生，付出能力所及的一切，盡力想要滿足每個人對我的要求。我把自己搞得筋疲力竭，只為了達到別人對我的期待——我應該做什麼，應該成為什麼樣的人。

後來直到我領悟了意圖法則，才獲得療癒。在此我得再度引用蓋瑞．祖卡夫在《新靈魂觀》中的句子：

> 每一個行動、念頭和感覺都受到意圖所驅使，而在因果關係中，意圖屬於「因」。我們一旦種下「因」，就不可能不去承受「果」。上天以這種深奧的方式，讓我們得以對自己所有的行為、念頭和感覺負責；也就是說，我們必須為自己所有的意圖負責。

我開始檢視自己的意圖——當我明明滿心不願意卻還答應別人時，我抱持什麼樣的意圖？我會答應別人，是因為這樣一來，別人就不會生我的氣，會認為我是個好人。我的意圖是讓人們覺得我是他們在最後一刻可以拜託、仰賴的人，不論發生了什麼事。這個意圖完全反映在我的生活經驗上——在我生活的每個層面都面臨一連串的要求。

就在我開始有所領悟不久，我接到一位非常知名的人士來電，希望我捐錢支持他的慈善事業。他要求的金額非常龐大，我告訴他我必須好好考慮。我所思考的是，我真的信任這個「因」嗎？不。我真的認為開張支票就會帶來一絲一毫的改變嗎？不。那麼，我為什麼要做這件事？只因為我不想讓這個人以為我很小氣。而這對我來說，已經不再是充分的理由了。

當時我寫下幾句話，如今依然保存在我桌上：

若非出於真心，我再也不要為任何人做任何事。若非我全心全意都迴盪著「我願意」，我再也不要參加會議、打電話、寫信、贊助或出席任何活動。從今以後，我將忠於自我的意圖而行動。

在你答應任何人的請求之前，請先捫心自問：我最真實的意圖是什麼？這個答案應當出於你最純淨的內在，而非出於你的頭腦。如果你覺得必須徵求意見，不妨給自己一點時間，讓「我願意」或「我不要」的聲音在你心中迴盪。如果答案對了，你整個身心都會有所感覺。

我確實知道的是，我一克服討好別人的毛病，就清楚地覺知到自己的本質。一旦真正接受自己是親切和善且樂於付出的人，我就不再需要證明自己什麼。而且，不論我答應或拒絕別人的請求，都不會影響我的本質。過去我曾有一度害怕別人說：「她以為她是誰啊？」如今我已經有勇氣抬頭挺胸地說：「這就是我。」

你若任由自己身心耗竭到情緒低落與心靈空虛的地步……

我其實一點也不像別人想像中那麼容易緊張。過去這些年來，我已經學會把我的能量聚焦於當下，全然覺知每一片刻正在發生的事，不再擔心什麼事該發生卻沒發生、什麼事出錯了，或者接下來會發生什麼。不過，因為我手頭上實在太多工作，如果我沒能找到一個紓壓的管道，我肯定會效率不彰，而且搞不好還會有點抓狂。

沒有人生來就該馬不停蹄，全力衝刺。這也是為什麼你若沒有給予自己足夠的時間與照顧，你的身體就會以生病或筋疲力竭的形式抗議。而我通常如何回歸原本的自己呢？我幾乎天天和蓋兒聊天。而且，我幾乎每天晚上都會點亮一、兩支蠟燭，好好泡個熱水澡。這聽起來或許有點做作，不過，花一分鐘時間專心凝視燃燒中的蠟燭，同時好好放鬆、深呼吸，會讓整個人非常平靜。每一晚睡前，我都不會閱讀或觀看任何節目，包括夜間新聞，因為那會讓我感到焦慮。而且我不喜歡斷斷續續地做夢，為了確保睡眠品質，我醒著的時候一定會好好處理困難的情況。此外，我也會寫感恩日誌。在工作一天結束後，為了讓自己沉澱下來，我會閱讀一本好小說，或就只是單獨靜坐，回歸我的中心——這就是我所說的「放空」。

身為女性，我們一直遭受洗腦，總是以對別人好為名，犧牲自己的一切。如果有一丁點好處剩下，我們才覺得或許可以為自己留一點。我們必須捨棄這些過去被灌輸的信念。我確實知道的是，你無法給出自己並未擁有的東西。你若任由自己身心耗竭到情緒低落與心靈空虛的地步，只剩下習慣驅使你行動，屆時每個人都會是輸家，尤其是你。

我曾經錄過一集節目，邀請一位人生教練來聊聊「自我照顧」的概念，也就是將自己的需求放在別人的需求之前，結果引來現場觀眾噓聲大起。光是聽到別人建議她們應該把自己的需求放在孩子的需求之前，現場的女士們就不滿了。我中斷對談，進一步解釋，沒有人說妳應該拋下自己的孩子不管，放任他們挨餓。這位人生教練只是建議妳應該先滋養自己，如此一來妳才有更豐富的養分提供給最需要妳的人。這就跟飛機上的氧氣罩原理一樣，除非妳先戴上氧氣罩，否則妳根本沒有能力拯救別人。

所以，停下來，好好檢視自己的需求。清空思緒，讓自己放空，放下執著，提醒自己，這個當下是你唯一確實擁有的片刻。

你曾注意到自己有多常無意識地屏住呼吸嗎？

我確實知道的是，你的呼吸是讓你安定的靠山，也是上天賦予的禮物——每個人都擁有這份禮物——能夠讓你在每個當下回歸自己。每當我面臨衝突，即使只是感受到一丁點的緊繃，我都會停下來，深呼吸，然後放鬆。

你曾注意到自己有多常無意識地屏住呼吸嗎？一旦你開始關注自己，發現你的內在背負了多少壓力，肯定會讓你大吃一驚。任何方法都比不上一次緩慢的深呼吸，更能有效地讓你放下無法掌控的事，重新專注於眼前的一切。

直覺就是你的內在指南針

我要自白：我很害怕搭機飛越海洋。儘管每次飛行都平安順利，沒發生過任何讓我不安的意外，我也相信冥冥中有比自己更偉大的力量，像是航空學、上帝，但搭機飛越海洋還是讓我特別不舒服（我實在不擅長游泳啊！）不過，必須橫跨大陸時，我還是選擇搭飛機，因為我想要戰勝恐懼。

我在夏威夷山上買了一間住家，因為那房子就是我想像中的天堂，但我知道每回要去那裡，都必須搭飛機橫越太平洋，不過我願意為了那個家接受這項挑戰。

幾年前，聖誕節隔天，我的飛機飛行了好長一段時間，長到我們拿出拼字遊戲來玩，還開始想午餐要吃什麼。我朋友鮑伯．格林的太太烏拉妮亞，帶了一些聖誕節大餐的剩菜。

「我不要再吃馬鈴薯泥了！」我忍不住哀號：「我只要吃點火雞肉，給我雞腿更好，還有一些四季豆。」

我們的空服員卡琳俯身靠向桌子，我以為她會說：「一隻雞腿都不剩了！」沒想到她一派鎮定說出口的是：「擋風玻璃上有一點裂縫，我們必須往回飛。」

「喔！」我回應道。

「機長希望你們繫上安全帶，並準備好氧氣罩。」

「氧氣罩？那我們的狗怎麼辦？」狗兒們懶洋洋地躺在地上。

「牠們不會有事的，」卡琳說，「我們即將下降三萬英尺。」

我心跳開始加快，聲音不禁跟著提高，雖然我一直試著效法她鎮定下來，但我的腦子開始快速轉動：氧氣！危險！氧氣！危險！我不會游泳啊啊啊啊！喔！我的天哪!!!

我什麼話都沒說，但卡琳後來說我當時眼睛瞪得超大，一臉驚嚇。史戴曼處變不驚，穩如磐石，他牽起我的手，看著我的眼睛，說：「妳不會有事的。上帝不會引領妳走了這麼遠，然後丟下妳不管。妳要好好記著這一點。」玻璃上的裂縫愈裂愈大，整個左半邊的玻璃開始碎落。我們從座位上看得一清二楚。空氣中傳來嘶嘶聲，接著是砰砰聲，再回到嘶嘶聲、砰砰聲，我熟悉飛機上的所有聲響，這聲音聽起來很不對勁。我可不想在四萬英尺的高空上聽到這種奇怪的聲音。

「卡琳，那是什麼聲音？」

「我們正在幫機艙減壓，快速降低飛行高度，還有那是氧氣筒的聲音。飛行員都在使用氧氣，以防萬一。」

我沒問：「以防什麼萬一？」因為我們心裡都有數——以防整片擋風玻璃遭強風刮走。

飛行員泰瑞和丹尼正把飛機調轉回頭，而我緊盯著時間看：二十七分鐘後降落。我想，如果我之前聽從內在的聲音，今天沒有搭機的話，又會如何呢？那天早上我有好幾次都想要取消這次飛行。我當時忐忑不安，整個人冒冒失失。我打電話給鮑伯・格林，說：「今天我可能不去了。」

「為什麼？」他奇道。

「我感覺不到原因。你覺得呢？」

「我覺得你應該諮詢你的內在聲音，那才值得信賴。」

既然我在浴缸裡思緒總是最清楚，我就去泡了個澡。起身後，我覺得自己已經準備好打電話給飛行員，延後這次飛行。結果我沒這麼做。我無視那股直覺。如果我當時正視自己的感覺，現在擋風玻璃還會破掉嗎？這一點毫無疑問。但是，我們還會落入此刻的處境，橫越海洋正上方，找不到地方降落嗎？

我再度望向時間：還有二十六分十二秒才降落。

要是繼續盯著時間，我肯定會發瘋，所以我開始閱讀。很快地，我的心開始恢復平靜與堅定。不論結果如何，我們都會沒事的。那嘶嘶聲與砰砰聲成了安心的源頭：氧氣！生命！氧氣！生命！

當然，我們最後安全降落。擋風玻璃換好之後，飛行員說：「只要你們準備好，我們隨時可以起飛。」我敢在這麼短的時間內再度飛越海洋嗎？這次體驗要教我什麼課題？我學會了嗎？

我確實知道的是，不論何時，只要你內在的GPS導航系統失常，就代表有麻煩了。直覺就是你的內在指南針。我學會了，我也得到了這支指南針。對於這一點，我十分篤定。而且，在高空上，我重新學會的是，從焦躁分心的困境中轉移注意力，專注並回歸到自己。

不確定的感覺是我的靈魂在對我耳語

對女人來說，最重要的問題之一是捫心自問：我真正想要的是什麼？以及，我的靈性告訴我從哪裡著手最好？

我的答案最終引領我邁向熱心服務女性與女孩之路。我深深了解身為女性，長期在受虐或貧困潦倒中掙扎，是什麼樣的感覺，而且，我也相信教育是通往自由的大門，更是古老傳說中通往金子的彩虹。我開始意識到為了更有效率，我必須一心一意，把所有的時間、注意力、資源和同理心都投注在提升一整個世代的勇敢女性身上，幫助她們自己作主，明白自己的力量所在。我心裡十分清楚，我救不了每個瀕死的孩童，也沒辦法插手管每件受虐的案子。沒有人做得到。然而，一旦我釐清自己最想要付出的是什麼，與此意圖不符的事就會自動消失。

那些年來的專注力學習，教會我很重要的一課：放掉外在壓力與分心事物，轉而回歸到內在直覺——留意是否出現什麼跡象在告訴你，停下來，有點不對勁，請暫停動作，做些調整。

對我來說，心存疑慮，就代表「不要」。不要採取行動，不要貿然回答，不要倉促往前衝。當我不太確定下一步該怎麼走，或者發現自己是應他人要求做一件沒啥感覺、毫無熱情的事，我就會把這些當成警訊——先按兵不動，直到直覺指示我可以開始行動。我相信那種不確定的感覺是我的靈魂在對我耳語，告訴我：我的心意不定。我無法做決定。此時此地有哪裡失去平衡了。我把這當成一種提示，指點我在做決定之前必須重新回歸自己的中心。上天推動我踏上最好的道路時，可從來不會丟給我一句「可能」「我應該這麼做嗎」，或是「也許」這種話。每次上天告訴我應該往前邁進時，我總是很有把握——因為我整個心裡都迴盪著「我願意」的回音。

請守護你自己的時間，
這是你的人生。

到了五十歲生日左右，我變得比以前更加意識到時間的流逝。我打從心底深刻體會到剩下的時間有限，這份體悟影響了我做的每件事，也主宰了我每一分每一秒的反應。我因此更有意識地覺察每一次體驗與每一次覺醒，並對一切都心懷感激（哇！我還活著，今天還有機會修正過去的錯誤）。我還在試著接受所有的人生經歷，包括不好的經歷。即使只是早上短短一分鐘，我都把握時間好好緩慢呼吸，讓自己感覺與這世上一切正在呼吸與振動的能量有所連結，甚至是與超越世間的能量連結。我發現若你能辨識出自己與「無限」的關係，便更能感受到「有限」其實別有風味。

我確實知道的是，若想圓滿達成身為人類的使命，就必須給自己時間，好好感受當下的存在。因此，我把每個星期天都留給自己。有時候我整天在家裡穿著睡衣，有時候我在樹下做禮拜，與大自然神交。大部分時間我什麼都不做——我稱之為無所事事——讓我的腦子和身體解除壓力，好好放鬆。萬一我不小心疏忽，錯過一次星期天，我立刻就察覺到那一整週情緒有明顯的起伏。

我確實知道的是，你不能對所有人付出，唯獨虧待自己。這樣下去你肯定會被掏空，或者最好的狀況是，對你、對你家人、對你的工作，你都只能給出不完整的你。為了你自己，請時時灌注你的內在泉源，常保充沛。如果你認為沒有時間這麼做，這背後真正的涵義就相當於在說：「我沒有精力為自己付出，或為自己而活。」要是你沒有精力為自己而活，那麼，你在這裡幹嘛？

大約十年前，我學到了重要的一課。在我家，每逢週日電話總是響個不停，即使是屬於我的時間，我也會把電話放在身邊。不管是誰打電話來，我一接起電話就心煩意亂。有一回，史戴曼忍不住對我說：「如果妳不想講話，為什麼老是要接電話？」他一語驚醒夢中人。電話響了不代表我就必須接起來。我掌握屬於自己的時間，做我想做的事。其實每個人都會這麼做，即使有時情況看起來有點失控。請守護你自己的時間，這是你的人生。

即便擁有頂級的物質生活，也無法取代最美好的生命。

許多時候，我們堅持擁有最好的物質生活，因為唯有如此，我們才能確保自己的「生活品質」。我可以在許多地方都無視自己的需求，但只要我擁有最頂級的手錶、皮夾、車子或大坪數房子，我就會告訴自己：我是最好的，我有多值得擁有最好的一切。

然而，我確實知道的是，即便擁有頂級的物質生活，也無法取代最美好的生命。只要放下想獲得什麼的欲望，你就會知道你是真的踏上屬於自己的人生旅程了。

在生活裡安排「平靜時刻」

沒想到我居然會這麼說，但我愈來愈享受舉重的樂趣了。我喜歡肌肉產生抗力時，油然而生一股力量與紀律的感覺。更棒的是，舉重還教了我一些生命課題。

我試排過各種舉重的時間表——每天舉重，隔一天舉重，或者連著兩天舉重，接著休息一天。每天舉重的效果顯然最差，畢竟連續不間斷的舉重訓練會導致肌肉纖維過度疲勞。同樣的道理也適用在心智與靈性上。如果你沒有給自己重新充電的機會，你與生命本質的所有連結就會中斷。

一股腦兒地往前衝，會帶來壓力。你必須給自己一點休息的時間。我曾經告訴我的助理，就算我的行程表上有十分鐘空檔，也不代表要填滿那些空檔。

「讓我們實踐我所推崇的信念吧！」此舉意味著一開始安排每日例行的工作時，就把喘息空間考慮進去。

於是，我開始在生活裡安排「平靜時刻」——在這段至少十分鐘的時間裡，先不預設我要做什麼。有時候我只是摸摸小狗的肚子，或跟狗玩玩丟球的遊戲。有時候我會去散步，或是在書桌前靜靜坐著。結果奇蹟出現——只要我經過這樣短時間的休息，就會感覺到精力更加充沛，也更有心情處理紛沓而來的工作。

我確實知道的是，休息才能走更長遠的路。我從來就不會為了給自己那樣的空檔而感到內疚。因為，在這些空檔裡，我正在補給自己的裝備，如此當下一階段來臨時，我才能火力全開，迎接各種挑戰——而且一掃之前的倦怠，恢復元氣。

供養身體所需的一切，身體便會有所回報。

我原以為自己知道為什麼運動如此重要——當然是為了甩掉大屁股——但直到二〇〇五年走訪約翰尼斯堡，我才明白真正的原因。我前往當地視察我創辦的女子領袖學院（Leadership Academy for Girls），我知道自己的行程滿檔，而且我一抵達當地就有嚴重的時差，到了隔天早上七點，情況還是沒改善，於是我決定不要起床運動。相反地，我在床上多賴了一個小時，彌補我的休息時間。這是我第一天的藉口。到了第三天，我的藉口是跑步機。我不喜歡那臺跑步機，上面沒有足夠的緩衝墊可以支撐我的膝蓋。連著三天沒運動，大大動搖我原先信誓旦旦要維持窈窕健康的決心。自我欺騙實在太容易了：太累，太忙，時間不夠……一連串的藉口形成惡性循環。

不幸的是，我對運動的決心直接關係到我對健康飲食的決心，可說是牽一髮而動全身。

飯店提供的餐點不合我意，於是我特別點了人人都會做的馬鈴薯泥。廚師輕輕鬆鬆就迅速做好餐點。就這樣，我停留在那裡的期間，每天晚上都吃馬鈴薯泥和麵包。我共停留了十天，一連吃了十天的高升糖指數的食物，加上沒有運動，換來的結果是我的體重增加了四・五公斤。

比體重增加更糟的是我的感受，我感到疲憊倦怠，昏昏欲睡。我的身體突然出現不曾有過的疼痛與焦慮緊張。

啊哈！我終於懂了。當你供養身體所需的一切，身體便會有所回報。不論你喜不喜歡，供給身體所需的基礎就是運動。運動最基本的好處是增強體力，至於控制體重只是附加的好處。我確實知道的是，不論如何，好好照顧身體，都是最好的投資，將換來無價的回報。

你不等於你的身體，
當然也不等於你的外表。

艾克哈特．托勒撰寫的《一個新世界》給了我許多啟發，我從中領悟到，我不等於我的身體。仔細研讀過托勒的觀點之後，我感覺自己與意識之間的連結更強烈了——或者你不稱為「意識」，而是「靈魂」、「內在靈性」，但不論你如何稱呼，這無形的存在就是我們的本質。

我回想起過去虛擲的光陰，在那段日子裡，我忙著討厭變胖的自己，渴望苗條的身材；對每一口可頌感到罪惡；先是不吃澱粉，接著斷食，力行減肥；然後只要沒節制飲食，我就憂心忡忡；再來是把握機會，盡情大吃，直等到下次減肥計畫開始（通常是在週一、假期結束後或下一次大事發生之後）。往日那些虛度的光陰哪！我忙著討厭試穿衣服，一心只想著我穿得下哪一件、我的尺寸多大——我明明可以把那些精力用來如實地愛自己。

我是誰，你又是誰……我確實知道的是，我們不等於我們的身體，或我們所執著的自我形象。但因為我們對自己的注意力無限放大——在這裡確實正如字面上的意思——我對體重過度的關注，會讓我感覺自己比實際更加肥胖。每次我看著自己的照片，不論是在哪個人生階段拍攝的，腦中第一個浮現的念頭不是當時的事件或經歷，而是我的體重與尺碼，因為那正是我對自己的觀感（與批判）——透過尺碼的有色眼鏡看自己。真是浪費時間哪！

如今我已經不再像當時眼中只有尺碼，我再也不會讓區區一個數字影響我對自己的看法，或決定我是否值得度過美好的一天。當我意識到那樣有多膚淺而狹隘，我就覺醒了。

你不等於你的身體，當然也不等於你的外表。

你如何運用自己的時間，決定了你是誰。

我努力避免虛度光陰，因為我不想浪費生命。此刻，在這個地球上，我致力於不要讓帶著負面能量的人們浪費我一絲一毫的時間。這一課學得不容易，費了我不少時間與心力才記取教訓。

我從經驗中學習到，跟自我功能失常的人攪和在一起，我會因著他們自身的黑暗面，而失去內在的光，但這份光亮是需要為自己與他人而存留的。我確實知道的是，你如何運用自己的時間，決定了你是誰。而我希望自己綻放光芒，永不止息。

終止那些對你毫無益處的停滯模式吧！

是的，我得坦白承認：我的鞋子太多，我也有好多牛仔褲、多到數不清的設計師款黑裙，尺寸從八號到不分大小的彈性款式都有。還有很多背心、T恤和毛衣。換句話說，我有囤積過多物品的問題。於是，我開始捫心自問：我所擁有的物品是否為我帶來更多喜悅、美麗與實用性，或者這些物品只是累贅的負擔？

我決定只保留那些會讓我感到興高采烈、更加幸福的東西。整理專家彼得・魏爾許（Peter Walsh）在他的著作《已經夠了！》（*Enough Already!*）中如此描述我們的家：

淹沒在物品中，我們的生命裡也充斥著空洞承諾，與那些無法透過物品來實現的承諾……我們希望藉由購買想要的東西來獲得渴望的生活……然而，為了追求想要的生活而囤積物品，根本是條死胡同。

這就是我確實知道的事，擁有更多物品並不會讓你更有活力。唯有當你充分展現真實的自己，才會感到活力十足。這就是我們在此活著的原因。物質過剩牽扯到的問題其實遠超越物品本身。儘管我們都知道必須放下對物品的執著，但真這麼做時，我們卻會焦慮不安。然而，我知道唯有放下，才能騰出空間給未來。不只鞋子、衣服是如此，我們的關係也是一樣，這個道理適用在一切事物上。不論是照字面意思真的去整理房子，或是象徵性的整理心房——整理是恢復秩序最好的方式，就像在網頁上按一下「重新整理」。

有許多方法可以讓你的生活井然有序，絕對不只是捐出鞋子就了事。比方說，告別所有無益於自我照顧、自我價值與自我重視的決定。捫心自問，在你生命中的那些人，是賦予你力量，鼓勵你追求個人成長，還是藉由功能失常的心理動力與過時的人生劇本，來阻礙你的成長。如果他們無法懷抱著愛，以開放自由的態度自願自發地支持你，快向他們告別吧！

終止那些對你毫無益處的停滯模式吧！

在工作上，不只要減少無效率帶來的雜亂無章，還要盡力平衡工作量，讓你的工作得以鼓舞、啟發別人，並且充分授權，互相合作。

為了未來，我希望自己體態窈窕而潔淨，抖落背後那雙翅膀的塵埃。而且，我確實知道的是，這麼做是為了讓我更能自在翱翔於天際。累積了那麼多無法幫助我們活出真實自己的物品，真的已經夠了。好好整理，去除雜物吧！在你趨近真實自己的路上，這個進化過程會持續不斷下去。

還有，告別過多的鞋子真的是一個棒呆了的開始。

力量

領悟愈多，就會做得愈好。

——瑪雅．安吉羅

詩人、作家，在美國人權運動和女性主義上具重要地位

自由是，你擁有選擇。

每次聽保羅．賽門（Paul Simon）的歌「生正逢時」（Born at the Right Time）時，總覺得他唱的就是我的人生。我是一九五四年誕生於密西西比州，那是全美國最常濫用私刑的地方。當年的時代氛圍是，黑人光是走在路上，什麼麻煩也沒惹，就足以成為眾矢之的，任何白人都可以指控或取笑他。當年所謂「好工作」，指的是替一戶「和善」的白人家庭工作，至少他們不會當面叫你「黑鬼」。當年還盛行歧視黑人的種族隔離法（Jim Crow），到處都有種族隔離的措施，而黑人教師幾乎都沒有接受過正規教育，用的教科書全是白人學校丟棄的破舊爛書。

然而，就在我誕生的那一年，時局開始改變了。一九五四年，在聞名後世的「布朗對抗教育局」一案（*Brown vs. Board of Education*），最高法院裁定黑人享有平等的教育權。這項裁決帶來希望的曙光，從此各地的黑人都有望改善生活。

我一向深信自由意志是人生來就有的基本權利，也是上天對人類的獨特設計。我也知道每個靈魂都嚮往自由。一九九七年，為了在電影「魅影情真」中飾演賽絲這個角色，我親自走了一段當年黑人的逃亡路線——「地下鐵路」（Underground Railroad）。我想要親身體驗奴隸逃亡的感受，在樹林之間茫然徘徊，尋覓方向，一路往北，遠離奴役的日子，邁向新生活——在那裡，有最基本的自由，意思就是再也不會有主人來命令你。但是，當我矇上眼睛，深入樹林，獨自留下來，苦思哪個方向才能通往下一個安全的落腳處，我第一次領悟到，所謂「自由」，並非僅僅是脫離主人的掌控。自由是，你擁有選擇。

在電影中，賽絲是這樣描述邁向自由之路的感受：

自從我們到了這裡之後，我似乎更愛我的孩子。也許是我知道只要我們在肯塔基州……他們就不屬於我，我不能把他們當自己的孩子疼愛……有時候我發現兒子們的笑聲，是我從不曾有過的那種開懷大笑。那笑聲讓我恐懼不安，我生怕有人聽到他們的笑聲，然後突然發飆。但我隨即想起來，如果他們真的笑到肚子痛，那也只會是他們一整天下來唯一經歷的痛苦。

……

我每天早上一醒來，就為自己決定今天要做什麼。

這句話就像是在說：想像一下，我的生活我決定。在那拍攝期間，我一次又一次重複這些臺詞，感受這些話背後的力量。在那之後的許多年，賽絲的話一直在我心裡，我樂於每天重溫這些話。有時候，這些話就是我起床後的第一個念頭。我可以在早上醒來時，決定自己今天要做什麼——想像一下，我的生活我決定。這份禮物，何等美好！

我確實知道的是，我們都必須珍惜這份禮物——充分享受，不要視之為理所當然。我聽了上百個故事，都是關於發生在全球各地的暴行。相信我，若妳生在美國，妳絕對是世上最幸運的女性之一。好好把握妳的好運，提升自己回應妳的天命。要知道，選擇自己的路是神聖的基本權利，善用這項權利。安住於無限可能之中。[1]

1 原文為Dwell in possibility. 這是艾蜜莉．狄金森的詩句。

語言具有毀滅的力量，也有療癒的力量。

我一直是個居家型的人。我知道乍聽之下你可能難以置信，畢竟我的行程滿檔，但我通常工作一結束就直接回家，七點前吃完晚餐，九點半就上床睡覺。甚至到了週末，我最愛就是在家裡待上一整天。自從我成為公眾人物，大部分生活都攤在陽光下之後，我就亟需開拓私人的空間。對我來說，那是一個避難所，一個「安全的落腳處」。

多年以前，歌蒂．韓（Goldie Hawn）告訴我，她藉著宣布在家禁止八卦，成功打造出屬於自己的安心天堂。由於她投入「言語能療癒人心」（Words Can Heal）這場全國性的運動，致力於消除語言暴力，於是，她和家人便誓言從此只說鼓舞人心、讓人振作的話，取代所有貶低與傷害的語言。她選擇使用振奮人心的話語，此舉正好符合瑪雅・安吉羅教我的一項真理：

我深信所有負面的事都有能量——要是你允許負面能量侵入你的房子、你的心智、你的生命，這股力量就會接管你的一切。

……

那些負面言語爬進你家的木製品、滲入家具裡，而你知道的，接下來就輪到你的皮膚了。負面言語毒害人心。

我親身體驗過負面言語的殺傷力。早年我的事業剛起步，八卦小報上開始出現關於我的不實報導。面對外界誤解，我受到很大的打擊。我覺得沒有人了解我。而且，我費了好多力氣去擔心別人是否相信那些子虛烏有的流言。我必須極力克制，才能忍住為自己辯護的衝動，不然我真想打電話給那些毀謗我的人。

當時我還沒領悟，但如今我確實知道，當有人到處散播關於你的謠言，你要知道，那些八卦跟你個人無關。向來都是如此，不論是轟動全國的傳聞，或是朋友茶餘飯後的閒言閒語，八卦反映的是散播者心中欠缺安全感。事實上，我們之所以在背後議論別人，往往都是出於對力量的渴望。而那通常是因為在某種層面上，我們的內心有種無力感，覺得自己毫無價值，不敢坦率直言。

當我們脫口而出傷人的言語，其實是在對自己、對聽的人傳遞一個訊息：我們不值得信任。如果有個人會詆毀某一位朋友，他當然有可能中傷另一位朋友。說八卦意味著我們沒勇氣當面跟意見不合的人坦率溝通，於是就貶損他們。漫畫家暨劇作家朱爾斯．菲佛（Jules Feiffer）把這種行為稱為「小型謀殺」，他認為，八卦是大眾意圖暗殺的手法。

我們活在沉迷八卦的文化裡——誰穿了什麼，誰和誰交往，誰捲入最近的性醜聞。如果我們在自己家裡、人際關係中與生活裡宣布禁止八卦，會發生什麼事呢？我們很可能會訝異自己竟省下不少時間，可以投入在最重要的事情上——把時間用來築夢，而不是老忙著毀掉別人的夢想。

唯有讓我們的家裡洋溢著真誠的氣氛，訪客才會自在地踢掉鞋子，待上好一陣子。而我們會謹記在心的是，語言具有毀滅的力量，也有療癒的力量。

成為你所樂見的改變

有些人可能會覺得這聽起來很諷刺，但是我真的很少看電視。自從瑪麗・泰勒・摩爾（Mary Tyler Moore）息影的那天晚上開始，除了看重播的喜劇「安迪・格里菲斯秀」（*The Andy Griffith Show*）之外，我就不再定時收看情境喜劇了。平常在家，我會跳過夜間新聞不看，因為我不想睡前接收那麼多負面能量——出門渡假，我住的房間也很少有電視。有時候我難得拿起遙控器快速轉臺，幾乎每次都會看到至少有一個節目充斥著性剝削或對女性的暴力。

每次想起早年做的節目，我就深感內疚，當時我以「娛樂」為名，用不負責任的心態製作節目，而我甚至渾然不覺自己的所做所為有何問題。有一天，節目的工作人員和我敲定了邀請一個丈夫來上通告，當時他剛讓人逮到偷情，捲入性醜聞中。而就在我的舞臺上，當著數百萬的觀眾面前，他的太太首度得知自己的伴侶不忠。那一刻我永難忘懷：那位女士臉上備受羞辱與絕望的表情，讓我不禁慚愧得無地自容。我竟然讓她置身於那樣的處境裡。就在那一瞬間，我下定決心，從此再也不參與這種充斥著貶低與困窘、存心損人的節目。

我確實知道的是，心裡老是在想的事，會決定我們成為怎樣的人——好比以女性身分來思考，就會成為一個女人。若我們日以繼夜都在接收的影像與畫面，根本無法反映我們有多珍貴，就怪不得我們老覺得虛耗匱乏、筋疲力竭。如果我們每個禮拜收看那麼多暴力影片，對於孩子也認同以暴力解決問題，又有什麼好驚訝呢？

成為你所樂見的改變——這是我賴以為生的座右銘。不要輕視別人，而是鼓舞別人。不要心存破壞，而是重建破碎的生命。不要再引人誤入歧途，而是照亮前方的路，如此一來，我們所有人都可以立足於更高之處。

如果你想要得到世上最好的一切，就先將最好的你奉獻給世界。

第五節是霍伯老師的代數課。當時我正坐在教室裡，擔心即將到來的考試。突然間，校內廣播通知我們前往禮堂，聆聽一位特別受邀前來的客座講師演講。萬歲！這個好消息救了我一命。我對自己這麼說，心裡打的如意算盤是，聽完演講，下課時間就到了。

當我和同學一起列隊走進禮堂，腦中只想著我的脫逃計畫。我坐下來，心想這不過又是一次尋常的集會，肯定會無聊到讓人昏昏欲睡。但是，當臺上介紹講者是黑人民權運動領袖傑西．傑克遜牧師，是金恩博士遇刺時，陪在博士身邊的人。我立刻坐直了一點，但我當時還不知道自己即將聽到一場千載難逢的演講。

那一年是一九六九年。因為我的成績一向名列前茅，我原以為自己早就了解全力以赴的重要性。但那一天，傑克遜牧師在我心裡點燃了一道火焰，改變了我對生命的看法。他的演講主題是：「為所有人犧牲的那些人，他們的付出並不因我們祖先是誰而有所區別。」他述說著那些逝去的前人披荊斬棘，開闢出一條路，只為了讓我們能坐在納許維爾市的綜合高中裡。他告訴我們，我們唯一的義務就是追求卓越。

他說：「唯有讓自己出類拔萃，才能遏止種族歧視。所以，請你們務必追求卓越。」

我完全信從他的話。那天晚上，我一回到家，就找出幾張紙，做成一張海報，寫上他給我們的挑戰。我把海報貼在鏡子上，一直到大學畢業都沒拿下來。隨著時間過去，我在上面加上一則則給自己的座右銘：「如果你想要成功，必須先追求卓越。」「如果你想要得到世上最好的一切，就先將最好的你奉獻給世界。」

那些話幫助我度過許多關卡，即使我有時並沒有拿出最好的表現。直到今天，我為人處事依然秉持著追求卓越的意圖。我在付出的時候追求卓越。在做善事的時候，在發憤努力的時候，面臨困境與衝突的時候，我始終追求卓越。對我來說，追求卓越意味著永遠全力以赴。

在梅桂爾・魯伊茲所著的《讓心自由》中，第四項協定就是「時時刻刻全力以赴」，我確實知道這是實現個人自由最好的路。魯伊茲說，你的最佳狀態會隨著時間而改變，每一天都不一樣，而且你的最佳狀態取決於你當下的感受。不論如何，總要全力以赴，如此一來，你就沒有理由批判自己，也不會給自己製造罪惡感與羞愧感。用這樣的態度去過每一天，到一天結束時，你就可以理直氣壯地說：「我已經全力以赴了。」這也就是所謂「超越上天賜予你的生命，活出最好的你」。

我希望你花錢的方式符合你真實的本性，以及你所在乎的一切。

我父親從小就教導我負債是非常可怕的事。在我們家，那幾乎是一種人格瑕疵，等同於「懶惰」和他口中的「輕浮」。因此，當我搬出家裡，在一年內累積了一千八百美元的負債，我不禁覺得自己好失敗。此事我從未告訴過父親，更別提膽敢跟他借錢。

因此，我只好申辦債務合併貸款[2]，每年負擔二一%的利息。那陣子，我每晚只吃葡萄乾麥片，也只負擔得起最便宜的車，雖然我以前常戲稱我的車子只是「輪子上的桶子」，但我還是靠著它每天通勤；我也把收入的十分

---

2 consolidation loan，辦一項新的貸款，以償還其他各項債務，是一種債務管理的做法。

之一捐給教會，每年只買一次新衣服。

我還清所有債務之後，發誓再也不要高估自己的經濟能力，過度消費。我恨極了超支帶給我的痛苦。

不論添購什麼重要的物品，比方說洗衣機或新冰箱，我父親都會先存夠錢才買。我一九七六年搬出納許維爾的家裡時，他連電視都還沒買。他說，他的「錢還不對」。一直到「歐普拉秀」風靡全國，我買給他的第一樣東西就是彩色電視，而且用現金支付。

我始終不明白為什麼有人會選擇舉債度日。曾經有一對夫妻上我的節目，述說自己面臨的經濟困難，我永遠忘不了他們當時說的話。那時，他們才剛結婚九個月，但在龐大支出的壓力下，兩人的婚姻已然觸礁。他們最大宗的花費來自墨西哥的海灘婚禮，不僅要支付部分賓客的住宿費用，讓他們享受SPA，就連婚宴上的龍蝦、菲力牛排和開放式酒吧，也都是他們買單。這場祝福滿滿的活動背後是高達五萬美金的信用卡帳單。這還不包括新郎為了買戒指，從自己的退休金帳戶中挪用的九千美金。為了打造童話般浪漫的兩天，他們讓自己陷入惡夢中好幾年。

我確實知道的是，如果你是用你能得到的東西來定義自己，而忽視了真正符合你的需求、能帶給你快樂與滿足的一切，那麼，你不只是入不敷出，打腫臉充胖子。你根本就是活在謊言中。

這也是負債累累如此可怕的原因。

因為你對自己不真誠。唯有從債務中解脫，你才有空間依照目的、計畫來為自己添購有意義的物品。

一直到今天，我買任何東西之前都會再三考慮。這東西跟我目前擁有的東西是否格格不入，要如何搭配使用？我只是三分鐘熱度嗎？這對我來說真的實用嗎？或只是中看不中用？我還記得多年前在古董店裡，店員為我展示一張華麗的十八世紀梳妝臺，上面不只附有鏡子，還有隱藏式的抽屜；經過打磨的木頭散放出光澤，彷彿櫻桃木正在微微顫動。但是，當我站在那裡，仔細思考是否要買下這張梳妝臺時，我對店員說：「你說的對，這張梳妝臺很美，我從沒見過這麼美的梳妝臺。可是，我實在不需要一張讓人眼花撩亂的梳妝臺。」他誇張地深吸一口氣，答道：「女士，沒有人來這裡買他們需要的東西——這些是純供欣賞的珍寶。」確實如此。我心想，好吧，讓我回到「滿足需求」的商店，畢竟當時我真正想買的其實是壁爐用具。而且不只是因為我不需要一張梳妝臺，我家也根本沒地方放。

坦白說，店員先生說對了一件事——有些東西只限於好好珍惜與欣賞。但我確實知道的是，當你不是揮霍無度，才有可能盡情享受。那麼，以下這個標準可供你判斷自己是否聰明消費：當你買東西回家時，心裡有沒有一絲後悔？而且十天後，比起買下它的那一刻，你的快樂是否有增無減？

一九八八年，我人在Tiffany店裡，試著從兩款花色的瓷器中選一款。我來來回回猶豫不決，陪我逛街的朋友終於忍不住說：「妳為什麼不兩款都買？反正妳買得起。」我還記得當時我心想，我的天哪！我可以，我可以耶！我可以兩種都買！我當場在店裡雀躍不已，一副我中了彩券一樣。

從此，我燃起了旺盛的購物欲望。不過，我知道在所有經驗中，保持覺知非常重要，因此我試著讓自己腳踏實地。再買一件黃色毛衣會帶給我什麼感覺？如果答案是「什麼感覺都沒有」，我就會把毛衣放回去，讓它有機會帶給其他人光明燦爛的一天（像是蓋兒，她熱愛黃色，一如有些人嗜吃巧克力）。

我希望你花錢的方式符合你真實的本性，以及你所在乎的一切。我希望金錢能帶給你與所愛的人幸福。我還希望你永遠善用金錢的強大力量，實現你至善的意圖。

讓我們的每一票都算數

我二十幾歲時，在華盛頓特區參加了由全美黑人幹部會議（National Black Caucus）贊助的晨禱聚會。我很幸運，能夠聽到來自克里夫蘭最精采的講道者默思牧師（Reverend Otis Moss Jr.）的演講，後來他也成為我的人生導師與朋友。

那天，默思牧師說了一個故事，直到今天仍縈繞在我耳邊。他的父親是佃農，為了養家，一輩子辛勞工作，卻必須忍受輕蔑與屈辱，一如他的祖先長久以來承受的待遇。儘管如此，到了五十幾歲，前人不曾有過的機會終於出現在他面前——他可以在選舉中投票。投票那一天，他天剛亮就起床，穿上最好的西裝（原本只有參加婚禮或喪禮，他才會穿這套西裝），準備好走路去投票所，用投票來反對帶有種族歧視的喬治亞州州長，用投票來支持溫和派。他走了九公里半，終於抵達投票所時，人們說他走錯地方了，叫他去另一個地方。他又走了八、九公里，結果再次遭到拒絕，要他去第三個投票地點。當他走到第三個投票所，人們告訴他：「老傢伙，你來得有點晚，投票已經結束了。」他奔波了一整天，走了將近二十九公里，回到家時已是筋疲力竭，完全沒體驗到半點投票的喜悅。

只要有人願意聆聽，老默思先生就會不厭其煩地述說這個故事，並滿懷希望等待下一次投票機會。然而，他沒等到下一次選舉就過世了。他一生都沒有機會做出選擇。所以，現在我把握每個選擇的機會。每回投票，我都不只是為自己選擇，也為老默思先生，為那些無數想要投票卻無法投票的人而選擇。我為了所有勇敢獻身的先人而投票，因為他們的付出，你我今日才有力量影響世界。

一八五一年，索玖娜・特魯斯（Sojourner Truth）在阿克倫舉辦的婦女權益大會上發表了她的經典演說，她說：

如果上帝創造的第一個女人，擁有如此強大的力量，能以一人之力顛覆整個世界，那麼，這些女人一旦聚集起來，應該能夠再度翻轉世界，讓一切回歸正軌。

如果所有女人同心協力出來投票，我們必會看到驚人的改變。最近的投票率統計對於先人留給女性的寶貴遺產來說，不僅難堪，且是大不敬——我們的祖先沒有發聲的權利，一心只盼望有一天後代女性所說的話能夠受到重視。然而，二〇〇八年，只有大約三分之二符合投票資格的女性走出來投下一票。而且別忘了，二〇〇〇年的總統選舉僅僅靠五百三十七票的差距就定了江山。我確實知道的是，我們應該重視自己、尊重先人，讓我們的每一票都算數。

一旦身心靈完全合一，就能在世上發揮潛力。

在我們的國家裡，九五%的健保費用在治病上，僅有不到五%是用在維持健康與預防疾病上。這豈不是本末倒置？這種模式需要改變。而改變就從我們選擇如何看待自己開始：究竟你是健康的供應人，還是疾病的傳遞者？

所謂「健康」，終極的定義應該是，包括生理上、情緒上、靈性上的全速運轉。人會變得靈敏且活力十足，與身體有良好的連結。如果你將自己的生命視為一個循環，那麼你人生裡的一切都是其中的環節（包括家人、財務狀況、情感關係、工作，但不限於這些），你會明白只要某一個環節出問題，就會牽一髮而動全身。

過去我常常過度投入工作，根本沒心思好好照顧自己。然而，滿足你個人（小我）的需求，與照料真實的自我，根本就是兩回事。若能區別之間的差異，將會為你省下大把時間。對此我相當確定。

為了過你注定該過的生活，你必須與自己的心智、身體與靈性保持連結。一旦身心靈完全合一，就能在世上發揮潛力。

你必須下定決心，選擇追求你來到這世上的使命，而非漫無目的地過日子。美國女性的平均壽命是八十歲，當然這只是預測，無法保證。然而，可以確定的是，你今日的作為將創造每個明日。

大好人生正等著你，為了擁有富足的人生，你必須願意做好你真正的工作。我指的不是事業、履歷表什麼的，而是聽從靈魂的聲音，留意那喁喁細語對你低訴靈魂最大的渴望。有時你必須讓心安靜下來，才能聽到那聲音。而且，你必須常常去確認，讓自己對新的可能性敞開；必須時時在心裡灌輸這樣的念頭與想法。（一旦你停止學習，不再成長，還在潛意識中覺得你做夠了，沒啥新鮮事值得追求。那真要好好想想，你還在這幹嘛？）

你不能假裝，不論你怎麼對待，你的身體都能永遠正常運作。你的身體想要運動，也想要吸收營養。如果你現在正一股腦兒地往前衝，把人生當成一場必須贏取的競賽，請務必放慢腳步，為自己安排一些休息時間。因為真相是，你早就贏了。你還活著，還有機會改正過去，做得更好，成為更好的你——就從現在開始。

勇氣本身即蘊含了天賦、能力與實現奇蹟的力量。

幾年前，在我的節目上，有位年輕媽媽坦言每次叫兒子上床睡覺，都讓她挫敗不已。她的兒子才三歲，卻是家裡的小霸王。他只想睡在媽媽的床上，連在自己床上躺一下都不願意。而且媽媽愈堅持，孩子就愈抗拒——他尖叫大哭，一直鬧到筋疲力竭才終於睡著。

我們在節目上放了兩段影片，讓大家看看這對母子交手的過程。我們邀請的專家史丹利．德瑞奇博士（Dr. Stanley Turecki）看完影片後說了一句話，我聞言頓時起了雞皮疙瘩。他說：「在你下定決心之前，什麼事都不會發生。」這個三歲小孩之所以不願意睡在自己的床上，是因為他媽媽沒有下定決心，貫徹執行。一旦她真的下定決心，小男孩就會乖乖回到自己的床上。

或許他睡前免不了還是會哭喊一陣子，但他終究會明白媽媽已經下定決心了，沒有轉圜餘地。

嗯，我知道德瑞奇博士說的是三歲小孩，但我同樣確知，這個睿智的建議也適用於生活的許多層面上——人際關係、工作變動、體重問題……一切都取決於你的決心。

如果你不知道該怎麼辦，最好是先什麼都不要做，直到思路清晰才行動。唯有靜止不動，你才能聽到自己的聲音，才能更快釐清思緒，而不是淹沒在外界的聲浪裡。一旦決定自己想要什麼之後，就要下定決心，堅持到底。

我很喜歡登山家W. H.墨瑞（W. H. Murray）的這段文字：

人在下定決心之前，都會猶豫不決，隨時都可能退縮，這樣的下場往往就是徒勞無功，一事無成。所有自發與創造的行動背後都有一個基本真理，忽略了它，就會扼殺無數靈感與精采可期的大計畫，這項真理就是，當你下決心投入的瞬間，神的手也開始動作。這時，世間的一切都會成為助力——反之，若始終無法下定決心，這一切都不會發生。一連串事件的展開都是源自一個決定，各樣出人意外的插曲、巧遇，源源不絕的物資援助，都以超乎想像的方式幫助人實踐那個決定。歌德的對句令我肅然起敬，他說：「不論眼下能做什麼或夢想什麼，放手去做吧！╱勇氣本身即蘊含了天賦、能力與實現奇蹟的力量。」

下定決心，然後看著你的人生往前開展。

生命與人生目標和諧一致，就能發揮最大的影響力。

每次看到「最具影響力的人物」名單，我總是很感興趣，尤其是他們如何以外在條件（如名氣、地位或財富）來定義影響力，評比影響力的高下。令人不解的是，前一年還名列前茅的人，下一年怎麼就榜上無名了？而且，不過是短短開一場會議的時間，一切就底定了，那個人是真的有影響力嗎？或者，只有當他位居要津時才有影響力？我們是不是常常把地位與影響力弄混了？

在思考真實的影響力時，我所想的是，那份為了達成更高的美善而施展的力量，也只會在目的與個人品格一致時，才能真正地發揮出來。對我來說，這世上唯一真實的力量是來自那個核心問題——「你究竟是誰」，以及隨後跟著反映出我們注定要成就的一切。當你見識到某人身上因著這種力量而散發出真理與篤定的燦爛光彩，那你不但是難以抗拒，還會深受啟發，追隨他的腳步前進。

其中的奧祕就在於和諧有序，也就是確知你的方向正確，做了每一件應該做的事，實現靈魂的意圖，滿足內心的渴望。一旦你的生命與人生目標和諧一致，就能發揮最大的影響力。即使過程中不免踉蹌失足，但你終究不會跌至谷底，一蹶不振。

每一場大災難的背後，都有我們需要虛心學習的重要課題。

卡崔娜颶風侵襲美國五天後，我南下走訪路易斯安那州，想親眼看看颶風帶來的災情。瑪雅．安吉羅的形容十分貼切：「大地變成一片汪洋，而這片大水以為自己是上帝。」

我在紐奧良超級巨蛋體育場待不到十分鐘就走了，成千上萬的家庭在那裡等待救援，他們一等再等，足足等了五天。即使過了好幾天，我總覺得依然聞得到那股味道——空氣中瀰漫著排泄物的臭味，夾雜著刺鼻的腐爛味。

我在節目中說：「我認為我們所有人，這整個國家，都欠這些家庭一個道歉。」

隔天，不僅是我的摯友，同時也在《歐普拉雜誌》擔任自由編輯的蓋兒．金，接到一通憤怒的讀者來電，她想退訂雜誌，因為：「歐普拉太狂妄了，居然告訴我們政府必須對那些人道歉！」

我確實知道的是，在每一場大災難的背後，都有我們需要虛心學習的重要課題。其中最重要的課題之一是，只要繼續玩劃分「我們與他們」的遊戲，我們就無法以一個民族、一個國家、一個地球持續演化。卡崔娜颶風讓我們有機會敞開胸懷，展現同理心。

這麼多年來，我一直聽到許多人悲歎為何上帝要讓這樣的事發生。但這又是另一個課題：人們之所以受苦，並不是因為上帝所做的事，而是因為我們自己做了和沒做的事。

卡崔娜颶風帶來的災難餘波未平，且大多出自人為。正如我們所見，災後各地掀起強大的批評聲浪。但是，這次風災也讓我們有機會見證，在絕望、恐懼與無助的時刻，每個人都可以化身為希望的彩虹，盡一切所能，在善意與恩典中，讓我們的存在得以擴展，與「他人」合而為一。因為我確實知道，在這世上沒有「他們」——只有「我們」。

只要克服恐懼，你就能自由翱翔天際。

二〇〇九年一月，我上了《歐普拉雜誌》封面兩次：分別是改變前與改變後的我並肩而立。其中一個我，是改變前的我，身材窈窕、曲線玲瓏；至於改變後的我，明顯發胖。我之所以自信滿滿地公開這些照片，是因為知道我並不孤單，世上還有許多人像我一樣。據估計，在美國有六六％的成人不是過重，就是肥胖。而且，幾乎每個人都對自己的體重不滿意。

那款封面打動了許多人，大家真情流露，大量的支持蜂擁而至。我印象最深刻的回應是來自一封朋友的e-mail：「我是這麼看待你的體重——那是你的煙霧偵測器。而我們都把自己生命中最美好的部分燃燒殆盡。」

我從來沒有這樣解讀過自己的體重，但這實在是一個讓人頓悟的「啊哈時刻」。我的體重是一種警示器，只要我與自己的內在失去連結，這個警示器就會開始閃燈，嘟嘟作響。

如今，我確實知道的是，對我來說，體重是個靈性議題，而非食物議題。瑪莉安．威廉森寄來的e-mail給了我當頭棒喝：「你的體重其實是一份邀請，邀你活出最美好的生命。」

過去那些年來的減肥計畫注定失敗，因為我將體重視為絆腳石。我一再告訴自己，我有體重「問題」——而非正視自己失去平衡的生命狀態，以及我如何利用食物壓制真相。

我曾經和巴柏．葛林恩合著一本書，他把書名取為《創造連結》[3]。但即便我在構思我所負責的篇章——分享身為胖子的挫敗感（我認識巴柏的時候，體重是一〇七．五公斤），我也不斷詢問巴柏：「再跟我說一次——我們要創造什麼連結？」

但我確實從他那裡學到，我的飲食過量與洋芋片無關，我必須從自己對食物的癮頭中抽絲剝繭，釐清究竟是什麼正在吞噬我的生命。顯然，我挖掘得不夠深。

然而，如今我終於明白，所謂「連結」，其實是去愛、敬重與保護關於你的一切。一直以來，巴柏常對我說：「歸根究柢，妳的體重其實與妳的無價值感，息息相關。」但這麼多年來，我都強烈反對他的說法，我總是對他說：「巴柏．葛林恩，你聽好了，我可不是那種認為自己不值得擁有的人。為了我所擁有的一切，我非常努力。」

但是，當我一路走過這趟靈性之旅，徹底解決了體重問題之後，我終於領悟，無價值感會以許多不同的形式出現。

我從三歲開始就表現優異。長期下來，我一直認為我必須做給別人看，必須證明自己的價值。於是，我努力工作，我成績傑出，贏遍大小演講比賽，獲得獎學金。直到三十五歲左右，我才領悟到，光是誕生在這世上，我的存在就已經完滿俱足。我完全不需要證明自己什麼。

---

3 原文書名是*Make the Connection*，中文版書名是《歐普拉的瘦身魔法》。

對絕大多數飲食過量的人來說，多出來的體重就相當於未經解決的焦慮、挫敗與絕望，而這些感受最後都會淪為恐懼，害怕自己不夠竭盡所能。我們以食物淹沒恐懼，而非好好感受恐懼、處理恐懼。我們用冰箱裡的食物來壓抑內心的恐懼。

只要克服恐懼，你就能自由翱翔天際。這也是我確實知道的一件事。讓你內在的生命覺醒。不論面臨什麼挑戰，不管是飲食過量、沉溺於某些物質或活動，還是失去感情、金錢、地位，你都要讓挑戰成為一扇敞開的大門，而門的另一邊有著關於你的神聖啟示。事實上，這個挑戰是一份邁向美好人生的邀請函。

你影響了誰的生命？你愛誰，而誰又回應了你的愛？

我非常喜歡觀賞落日霞光灑落在茂宜島上，天色瑰麗，變幻無窮。比起我們這些以物質形式存在的地球人，大自然的轉變總是那麼輕而易舉。人的成長是終其一生不斷發掘的歷程——深入內在，揭露潛在議題。有時你會覺得自己像是在開鑿吉力馬扎羅山，不斷遇到堅硬的石頭。而且，我發現只要稍一不留意，石頭就變成土堆，然後積土成山。所以，我們的任務就是每天清理堆在工作、家庭、人際關係、財務與健康中的小石頭。

當然，人都非常容易忽視問題，但是，如果肯採取一點小小的步驟來解決那些問題，那些小步驟最終會成為旅程中的大躍進，讓我們更靠近自我實現的目標。

充分發揮身為人的潛力，不只是一個想法而已，更是終極的目標。我們能夠創造的奇蹟，與任何人給的評價、是不是流行或是已經過氣，還有誰辣或誰不辣的排名，都毫不相干。我說的是真正重要的事：你影響了誰的生命？你愛誰，而誰又回應了你的愛？

我確實知道，這才是最要緊的事。對我來說，唯一值得追求的目標是轉化我的意識，明白比起其他存在，我並未特別好或特別壞。我就只是我。

你感受到的快樂與你付出的愛成正比

小學三年級時，我從《聖經》〈路加福音〉六章三十一節中學到這項黃金定律：「你們願意人怎樣待你們，你們也要怎樣待人。」我立刻愛上這句話，幾乎把它抄寫在每樣東西上，放在書包裡隨身攜帶。

我到處行善，甚至一度認為自己未來會成為傳教士。每逢週日我都會上教堂，端坐在右邊第二排的長椅上，拿出筆記本，記下牧師說的每句話。隔天上學，我便在操場背誦牧師的佈道內容——我稱之為「週一早晨的奉獻」。其他八歲小孩一看到我出現，就會大聲嚷嚷：「傳教士來了！」當時，「前進傳教浸信會教堂」（Progressive Missionary Baptist Church）正努力為窮困的哥斯大黎加兒童募款，我立刻發起愛心運動。而且，我決心要比任何人都募集到更多善款。我貢獻了午餐費，同時說服班上同學跟進。這一切行為都出於我奉為圭臬的黃金定律。

然後，升上五年級時，我遇上一些麻煩。班上有個女孩不喜歡我，於是我在校園裡到處說她的閒話。有位朋友指出如果我相信「你們願意人怎樣待你們，你們也要怎樣待人」，那麼我說那女孩閒話的同時，很有可能她也正在到處說我的閒話。

我回道：「我才不在乎。反正我又不喜歡她。」

有好長一段時間，只要我違背更好的自己，說了一些不該說的話，做了不該做的事，我就會找理由合理化自己的言行舉止。可惜我當時還不明白，我們所有的行為，不論好壞，最後都會回到我們身上。但我終究吸取了教訓，領悟到我們對這個世界付出什麼，就會從這個世界得到什麼。

後來，我是從物理學領悟這一點的，根據牛頓第三運動定律，每一作用力都會產生反作用力，大小相等，方向相反。這也是東方哲學中「業」的本質。在「紫色姊妹花」（*The Color Purple*）中，希莉對她必須尊稱為「先生」的丈夫說：「你試圖對我做的每件事，都會回到你身上。」

你的行為環繞著你，一如地球繞著太陽轉一樣。

因此，每當有人說自己正在追尋快樂，我就會問：「你對世界付出了什麼？」就像有位太太曾經在我的節目上說，她始終不明白為什麼她和丈夫的關係會破裂。她一再地說：「以前他都會取悅我，讓我好快樂，現在他再也不這麼做了。」她看不透的真相是，她自己的「果」源自她種下的「因」。

你不可能從別人身上得到快樂。你感受到的快樂與你付出的愛成正比。如果你認為你的生命有所缺憾，或你並未得到你值得擁有的一切，別忘了，奧茲帝國裡充滿希望的黃磚道，在現實生活中並不存在。你要主導生活，而不是讓生活主宰你。

撥出時間和你的孩子好好相處，然後看看此舉會為你的生命帶來什麼？放掉你對主管或同事的怒氣，然後看看會有什麼回報？好好愛自己，也愛別人，然後看看愛換回什麼給你？這項法則每次都見效，不論你是否意識到它。這項法則存在於小事、大事與偉大的事之中。

如今的我，試著善待每個與我相遇的人，也善待自己；並確保自己把生命用在善意上。因為我確實知道，我的思緒、我的言語、我的行為……一切的一切都會回到我身上。這個道理也同樣適用在你身上。

國家圖書館出版品預行編目(CIP)資料

關於人生,我確實知道......:歐普拉的生命智慧 / 歐普拉.溫芙蕾(Oprah Winfrey)著;沈維君譯. -- 第一版. -- 臺北市:遠見天下文化, 2015.04
面; 公分. -- (心理勵志;BP360)
譯自:What I know for sure
ISBN 978-986-320-689-7(平裝)

1.溫芙蕾(Winfrey, Oprah) 2.傳記 3.美國

785.28 104003341

心理勵志 BP360

關於人生，我確實知道……

歐普拉的生命智慧

What I Know For Sure

作者 — 歐普拉・溫芙蕾 Oprah Winfrey
譯者 — 沈維君

總編輯 — 吳佩穎
責任編輯 — 朱玉立
封面設計 — 莊謹銘

出版者 — 遠見天下文化出版股份有限公司
創辦人 — 高希均、王力行
遠遠見・天下文化 事業群榮譽董事長 — 高希均
遠見・天下文化 事業群董事長 — 王力行
天下文化社長 — 林天來
國際事務開發部兼版權中心總監 — 潘欣
法律顧問 — 理律法律事務所陳長文律師
著作權顧問 — 魏啟翔律師
社址 — 台北市 104 松江路 93 巷 1 號 2 樓
讀者服務專線 —（02）2662-0012
傳　真 —（02）2662-0007；2662-0009
電子信箱 — cwpc@cwgv.com.tw
直接郵撥帳號 — 1326703-6 號　遠見天下文化出版股份有限公司

電腦排版 — 立全電腦印前排版有限公司
製版廠 — 東豪印刷事業有限公司
印刷廠 — 中原造像股份有限公司
裝訂廠 — 中原造像股份有限公司
登記證 — 局版台業字第 2517 號
總經銷 — 大和書報圖書股份有限公司　電話／ (02)8990-2588
出版日期 — 2015 年 04 月 27 日第一版第 1 次印行
2023 年 10 月 26 日第一版第 23 次印行

定價 — NT$330

ISBN — 978-986-320-689-7
書號 — BP360
天下文化官網 — bookzone.cwgv.com.tw